告诉你——如何互联网+传统产业

微跨境电商

六个步骤把你的货卖遍欧美

Dave C. 张景龙 黄磊 Michelle T.◎著

中国经济出版社
CHINA ECONOMIC PUBLISHING HOUSE
·北 京·

图书在版编目（CIP）数据

微跨境电商：六个步骤把你的货卖遍欧美／张景龙等著．
—北京：中国经济出版社，2015.9
ISBN 978－7－5136－3887－6

Ⅰ.①微…　Ⅱ.①张…　Ⅲ.①电子商务　Ⅳ.①F713.36

中国版本图书馆 CIP 数据核字（2015）第 168869 号

责任编辑　杨　莹　张玲玲
责任审读　贺　静
责任印制　巢新强
封面设计　任燕飞

出版发行　中国经济出版社
印 刷 者　北京科信印刷有限公司
经 销 者　各地新华书店
开　　本　710mm×1000mm　1/16
印　　张　16.25
字　　数　188 千字
版　　次　2015 年 9 月第 1 版
印　　次　2016 年 3 月第 2 次
定　　价　48.00 元
广告经营许可证　京西工商广字第 8179 号

中国经济出版社　**网址**　www.economyph.com　**社址**　北京市西城区百万庄北街 3 号　**邮编**　100037
本版图书如存在印装质量问题，请与本社发行中心联系调换（联系电话：010－68330607）

编者按

这是一本跨境电商行业的实战书，本书作者以其丰富的从业经历向广大读者推送了最有价值的实操经验。书中运用了很多国际化、专业化的词汇，如“金流”“价金”“通路”等，这些专业性词汇的表述与中国大陆的表述方式上尚不一致，但本书保留了台湾原版图书的表述方式，并未针对大陆语境做出修改，旨在让读者更好地理解“跨境贸易”所涉及的专业知识。。

本书的编辑过程，谨遵原著本意，尚有阙疑之处，还请读者海涵。

2015 年 8 月

序 1

微跨境时代

跨境电商在过去的一年里风生水起，高潮迭起，在中国强力的政策支持下，跨境电商迎来史上最大转折点。经过近十年的发展，跨境电商的量变最终成为质变。政府的强势出手，使得原先的出口外贸电商似乎已经不能再闷声发大财了。乱世出英雄，在这跨境电商动荡的年代，谁能把握时代的脉搏，搭上跨境电商这架超音速飞机，说不定就是下一个阿里巴巴。

无论是中国传统跨境电商龙头兰亭集势、敦煌网、大龙网，还是新加入的电商巨头阿里巴巴、京东、苏宁、1 号店，还有像洋码头、亿赞普、台湾本土 WeGoLuck 这样的黑马，跨境电商这块饼正在被越做越大，争食的人也越来越多。跨境电商的模式也在被不断改写。

从出口上来看，物流从最初的直邮模式，到如今的海外仓储；金流从个人 PayPal 到如今完成跨境电子商务退税；商品从 A 货、烂货到如今的高质量品牌商品。从进口上来看，物流从最初的朋友代购，到如今的海淘转运、自贸区集货、备货、前店后仓等；金流从原先的灰色地带成为阳光结汇；商品从原先的奢侈品发展为如今的全品类综合商品。整个跨境电商已经完成了翻天覆地的变化。

如今，跨境电商的政策正在逐步明朗化，游戏规则框架已经建立，接下来将逐步完善每一个细节的内容，最终成型的规则一定会是符合跨境电商企业需求，同时也满足国家监管要求的模式，灰色地带将会进一步被压缩直至消失。小卖家将越来越难以存活，进行适应潮流的转型已是必然。

本书作者从跨境电商源头讲起， 配合以经典案例及未来跨境电商形态，并对政策做出解析，深入浅出地为希望了解跨境电商的人做出说明，本书值得想要做跨境电商、正在做跨境电商的人参考，未来东森全球购也将依循此内容信息拟定发展策略。

最后祝诸位读者能够在跨境电商的浪潮中把握商机，赢得未来！

东森企业发展电商总经理

序言2

迈向国际跨境电子商务刻不容缓

中国的对外贸易，最近十几年来一直都是依赖电子产品高效率的代工出口尚能维持成长，但此优势也正在逐渐消失之中。而中小企业尤其是传统产业的产品，则从四十多年前带动中国经济高度发展的重要角色，逐渐从国际贸易的舞台退位。其间的问题很多，检讨已经无济于事，最重要的是提出解决方案。个人浅见认为目前只有迅速发展国际“跨境电子商务”，才是解决中国中小企业国际贸易困境的良方。

我从四十多年前担任外贸协会驻巴西办事处主任起，开始涉及中国台湾的国际贸易事务，回台之后长期持续关心对外贸易的问题，又因担任立法委员和国际经济合作协会副理事长，更在对外贸易的民间推动工作上长期接触，也常率领中小企业厂商到欧洲、北美洲、亚洲、中美洲、南美洲等地去推介中国台湾产品，开拓商机。这当中最令我难过的是，国外贸易商经常把中国台湾生产和日本高质量的优良商品媲美，中小企业厂商深觉无奈，但也只能接受，否则订单就接不到了。这些情况我看在眼里，痛在心里，却想不出帮助他们解决的方法，心中感到万分疼惜与无奈。最近几年，开始陆续听到一些有关通过电子购物进行交易成功的实例。事实上，以缩短产销链中间的层层剥削来降低厂商成本的电子商务交易模式，已经十分成熟，而且也已创造出相当的营业规模，因此我就想，能不能也通过这种商业模式发展到国际贸易上，但请教一些专家之后，才知道这件事情不是这么容易。从“境内”电子商务要进入“跨境”电子商务，一字之差，却难之万倍，最主要是必须同时解决国际贸易和电子商务所有的技术流程，还必须解决语言问题、跨境客服问题、货款支付和回流问题、在地库存问题、迅速送货及退换货问题，以及最麻烦的各国税务和相关法规等问题。

一方面，在咨询跨境电子商务问题的过程中，当然也看到了一些既有的电子商务业者开始尝试走出这一步，但似乎最多只能做到同语言的跨境服务，规模无法达到真正国际贸易的需求。后来接触到了另外一群实际从事国际贸易的朋友，他们在国际贸易中亲身感受到从荣景到艰辛的路程，而后将他们的贸易经验，结合电子商务、法律、税务以及所有有关物流及金流等问题，创造出了全球首创的“跨境电子商务”平台，随即被电子时报誉为是“阿里巴巴与 PChome 办不到的新革命”，这就是“聚丰贸联网”。这个网的性质，正是我所期待的“跨境电子商务”的新商业模式。有关“跨境电子商务”的议题，今年开始在中国台湾引起热烈的探讨，事实上各国都在关切并积极发展这个新商业模式，中国台湾以国际贸易起家，自然必须更加重视这个商业革命。

另一方面，传统以贸易商为主的国际贸易，销货通路和市场完全被贸易商垄断，厂商只能依托贸易商，自然只能做代工；但是，电子商务的电子通路是一个无限大的“超级通路和超集市场”，是公开的、无法被垄断的，只有商品的质量和价格（性价比）才是决定市场最重要的因素。同时，因为网络的特性，任何特殊及狭窄市场的商品也可以得到和热销商品一样的市场待遇，这对长于文化创意及发明的中国台湾，最能展现特色，因而可以创造中国台湾的品牌，这是我对“跨境电子商务”最重要及最深切的期待。

现在，“聚丰贸联网”的朋友们结合一些专家学者出版了这本书，把“跨境电子商务”的理念和落实方法详加阐述，相信对中国台湾“跨境电子商务”的飞跃发展，必能做出伟大的贡献。也希望台湾从当局到产业都要关注这个新商业模式的发展，让中国台湾迅速迈进“跨境电子商务”

的新时代，再创新一轮的经济奇迹。

特为之序。

美国普渡大学博士
“中华侨联总会”理事长　　简淳生
国际经济合作协会副理事长

序言3

蓝海＋网海，以箱为单位“e定要做大”，赚遍欧美市场

这是开创新事业的网络营销书，客户在哪里生意就在哪里，当马路营销移师网络，本书提供了让中小企业达到巅峰的营销机会。

当个聪明的中小企业老板，一定要懂得借力使力不费力及以小博大的策略，网络将打开你的生意视野到无远弗界的境界，而电子商务将帮助中小企业的产品卖遍全球。网络时代已经来临，网络已经将世界变成了一个真正意义上的地球村，也就是市场、客户，如果懂得运用将唾手可得，网络已经深刻地改变了我们的行销方式和思维方式，而且将继续改变下去。

营销的发展史上，出现过生产、产品、推销、营销、社会和大市场等观念，我们需要一种全新的营销策略来强化营销能力，企业家更需要创新营销方案来有效地应对瞬息万变的竞争，突围市场。

你会感谢看见这本书的机缘！本书将帮助你如何在欧美网购市场分一杯羹，如何在电子商务中脱颖而出，这是我辅导了2000家中小企业所听到的最兴奋的消息，我们将有机会通过微跨境贸易平台的协助，“以箱为单位”出货给世界，这代表着资源不是问题，经验不是问题，能力不是问题，最难的已经被解决了，不用再受制于物流及金流、商品流、信息流，不只如此，专家有了，客户有了，仓库有了，销售渠道也有了，这意味着只需要有产品，一种也可以，就立刻向全球展开贸易。

是的！你可以向全球客户大声地说“我来了！”

如果你是以下的老板，本书将非常适合你：

1. 拥有传统事业想要进入网络市场，开拓更多业绩的企业老板；

2. 想要通过网络做生意却没有方法的创业者；

3. 拥有许多一流的创新产品却不知道要如何销售的老板；

4. 想以小博大利用网络打响知名度营销全球创品牌者；

5. 想做外销资金少、经验少、资源少的企业经营者 ；

6. 没有营销能力，在一定时间内有库存的压力，有业务的压力，有开发客户的压力。

来吧！本书将为你打开一扇窗！

你会非常惊讶台湾已经有一些国际商贸专家把市场准备好了，把通路架构谈好了，把流程规划好了，把资源安排好了，一切就等你来用 ，来参与来介入，来一起卖遍全世界，一起打开全球收款机。

千金难买早知道，营销世界带来业绩、带来订单 ，将不是传说，甚至只需 15 天就可以达成。本书你一定要细细详读，因为许多中小企业家因此而站上国际舞台，创立品牌，迈向不可思议的网络市场，通过突破时间突破空间虚实双整合，为中国台湾企业找出一条出路，一起加油吧台商!!

台湾亮点

台湾商务发展

开店网通有限公司执行长

作者序

从产业出路看跨境电子商务

我是台湾科技业的老兵，看着新竹科学园区的兴起，之前我也为了岛内多家企业（全友、天刚、友讯等）跑了五六十个国家，亲身体会全球布建销售网络的艰辛。另外，我在1993年就参与了台湾NII“国家信息基础建设”推展的活动，推动国内Internet的发展。之后，先以顾问的方式参与了美国Newegg事业的拓展，后来接任其全球CEO一职，2005年年底卸任时已达13亿美元年营业额的规模。因此，除了科技业我也算是电子商务业的老兵。作为一个双重老兵，参与这本书的撰写，我心中百感交集，不能不为这本书写个序，说几句话。尤其是，目前台湾的产业在Internet与Apple双重的冲击下面临空前的压力，而台湾的电子商务业虽然起步早，相对于大陆却已远远落后。看到台湾产业找不到出口的窘态，不能不担忧。然而，所谓微跨境商贸，也就是跨境电子商务，也就是台湾精良产品外销的新契机，这不就是台湾创意与质量的展演舞台吗？

自1993年美国克林顿总统发表Internet白皮书之后，人类就掀起了铺天盖地的第三波工业革命，到目前也不过是第三个十年的开始。然而，我们已经看到好几家与Internet相关的新形态事业，如Google、Alibaba、Facebook等的市值已远远超过许多传统的百年大业。全球电子商务的营收正在快速地成长，在许多行业中已然超越了传统销售模式的占比。在这种潮流中各行各业都很难逃过它所带来的冲击：渠道结构变了，价格透明了，市场规模变大了，竞争更白热化了，产品生命周期更短了，利润更薄了，营销工具不一样了……其实，Internet不仅改变了人类生活的内容，也改变了生活的步调，甚而开始彻底颠覆人类组织的结构。而其中电子商务更是一场绝对“GO DIRECT”的营销通路革命！

其实我在担任Newegg CEO一职时心中是有个使命感的，我很想利用这个B2C平台，协助一些想在美国打开品牌营销的中国企业突破困境。

自己终究只是个专业经理人，未能完成这个愿望。我有缘认识了WeGoLuck——国内唯一的跨境贸易电商团队，几个有丰富国际贸易经验的年轻人埋头苦干了许多年，竟然是为了协助国内成千上万渐无出路的中小企业另辟一条新路，而这与我十年前的梦想极为相符。我不但认同他们的理念，更赞叹他们的远见与决心。我决定助他们一臂之力！

值得庆幸的是，WeGoLuck——岛内唯一的跨境贸易电商团队竟然超越其他国际大型电商，领先完成了功能完整的跨境电子商务方案。更值得欣慰的是岛内有几个卓越的中小企业与创意产业目前已经可以透过WeGoLuck的运作，外销全球最大也是最难的美国市场。

凡是曾经试图拓销美国市场的人都知道，除了要克服语言、文化、消费习惯、市场差异等障碍之外，美国渠道都会要求你在美国要有货仓，要有客户服务的能力，要有处理退换货的能力，要有提供广告支持的能力，还要处理一堆关务、税务、法务等的烦琐事务。总之，这些条件都要符合，绝非一个中小企业所能负荷得了的。然而，WeGoLuck 就是针对以上问题一一解决而形成完整方案。当然，要完整解决这些问题，背后的辛苦努力是可以想象的。没有充分的知识与经验，没有对产业的认识与思考，没有勇猛的执着与坚持是绝对无法完成的！

WeGoLuck 的运营模式最值得称许的是它完全是为了供货商的利益极大化而设计，把厂商到最终的客户中间经过的层次缩到最短，利润扩展到最大，同时完全解决仓储、运输、关税、配销、服务、退货等困扰。好产品外销从此可以变得如此容易，这真是产业之福！也是台湾电子商业的关键出路！我殷切期望早日看到中国企业能把优质产品成功地拓展到世界各地！

解建新（Simon Hsieh）

曾任美国 Newegg. com 全球 CEO

友讯科技 D - Link 业务营销副总

天刚信息创办人

华威网络总经理

志丰电子资深顾问

日本 NEC 资深顾问

中国汉王科技战略顾问

作者序

一位出口业者的逆袭

当了十几年的出口商，不断地在海内外努力打拼，就是为了追求更大的市场占有率，取得更多的订单与客户，追求更低的供应成本，更稳定的质量，更具差异性的商品，让产品在市场上取得竞争优势，因此我走遍了欧洲、北美洲及亚洲，在全世界做生意，我想这也是许多台湾人在全世界都正在努力的事情。

随着大环境的变化，这十几年来我在经营上尝试了许许多多不同的策略，西进内地设厂，在海外驻点，进行三角贸易，参加各种国际展览，放帐运营，提升制程技术，在各地赞助广告，申请专利、补助，加入协会，提升内部的教育训练，甚至烧香拜佛、积德行善、念经求保佑，所有能做能改善的我几乎都做了，连跟运营没有关系的事情也做了不少。但渐渐地，身为台湾出口产业的一分子，任凭我再后知后觉，也能发现，全球物价、通货膨胀高涨，出口单价却逐年下滑。当 FOB 单价越来低时，我的客户经常在会议中告知我，其实网络上最新的零售价与我的出口报价差异不大，我总是搞不清楚为什么，也从来不曾有人告诉我，为什么还没起跑，我就输一半了。

公司出货的商品已经是微薄小利，却还要在展会上跟客户再三退让，就算我们开发了新模具、新商品，也总是在接单出货不久之后，就看到市场上已经出现类似的商品，并且还以更低的价格接单。更大的困难是公司明知创新是出路，却越做越手软，还被同行追着打价格战，但是为了维持商誉，我们还是选择牺牲利润，保持产品的出货质量。

所以当客户告诉我，在 eBay 上有低价的相似商品，我总是回他说：商品的质量不一样，他们的照片有修图，而且图文不实，尺寸也不对，你买了也不能用， 甚至还抵制网络客户，不出货给他们，免得打坏市场行情。为了保留利润给我的客户去挥洒，在一阵同仇敌忾下，客户同我握了手，我又退让了，为了抢订单，连我的员工都嫌我没原则。

这几年，每当有人告诉我网络上有人赚了大钱，身为一个工厂兼出口的业者，我实在不能理解，这种网络上一个一个慢慢卖的小生意，要怎么才能赚大钱呢？

一直到有一天我的一个美国华人客户告诉我，原来他有一百多位员工专门在计算机前面替他打天下，每天两班次的UPS货车，从他的仓库不停地出货，运送全美各州，打印机不断地出单，所有产品上都贴着条形码及广告，因为大量出货，他得到的运费折扣相当优惠。我这才发现，是不是我低估了网络销售的趋势，通过他在地化的服务与实时出货的能力，他灵活利用了各种网络平台大量展示他的商品，甚至还用了他女儿的名字当品牌。

他还不断地提醒我，因为采购量很大，所以一定要提供更优惠的价格，不然我们所提供的商品将无法长久地在他的舞台上使他获取更大的利益，于是，我又让步了。

回头想想，充其量我不过是他最重要的“代工”供货商罢了，无论这些商品是不是我们替他设计的，花了多少成本申请专利、出资开模具、替他备料生产、存货等。说穿了我就是出资让他做生意而已，我们总是在等待客户告诉我们市场的反映情况，等待客户什么时候会下另一个订单，看起来我们跟客户配合得不错，但是，我们的商品利润微薄，货款还要放账（Open Account），长久下去迟早会出现问题。

于是，我跟公司的同人找了一些数据，美国有十几个网络大卖场，如下图所示：

在这些卖场上每个月有高达10亿人次的流量在上面买东西、找他们需要的商品，每个卖场都有成千上万的商家，每个商品有不同的标价，商品的规格大小、材料变化、运送距离、时间快慢、包装大小、产地等都不尽相同。甚至同样的商品，在价格上也常常有很大的差异，例如：

在竞争激烈的eBay平台上的商品卖价通常比Amazon上的便宜许多，可是Amazon平台的流量及交易量又常比eBay来得更高。其主要原因是eBay的买家喜欢寻求低价商品，不断比价，卖家也各出奇招想尽办法满足客户，自然而然地形成比价风潮，导致服务及质量明显下降，客群也自然不同。毕竟 eBay 的市集运作方式，与专柜式的 Amazon 还是有所区别。

Amazon 提供了多样的销售模式，如是否含运费，是否指定时间送达消费者手上，提供不同保固时间，完善的退货服务、收货方式，并提供多样的交易方式及商品促销活动，相同的商品，在各种交易条件要求下价格也不相同。

美国第二大 3C 电子商务平台 Newegg 则有两大运营模式：一是以大量方式买断热销及长销商品，慢慢售出这种常态型商品，通常价格不高，而另一模式则是厂商以寄卖及空运方式配送到买家手上，当两种商品混搭在同一销售页面时，Newegg 则提供了热销及精品的多选择服务，以满足不同层次的消费群体。

中国的 AliExpress 靠的则是商品成交后从中国直接空运，虽然在价格上有些许优势，但良莠不齐、供货商不一定有库存，导致交期过长及不稳定，甚至收到的商品并非所期待的，虽然 AliExpress 有部分商品价格较低，但是在美国消费者使用习惯上，一直难以突破，并且也常常在价格数字上带来破坏。

各大零售商都有不同的客群及使用习惯，价格有高有低，连社交网站 Facebook 都想加入电子商务这个战场，每个电商业者都是大型零售业的一方代表，经他们曝光，市场的大门就在眼前展开。

但是要怎么成为市场中的一分子？传统贸易的各种瓶颈禁锢着我们的出路，通路、关税、仓储、运输等都是很大的瓶颈，我们尝试了几年，终于找到了一个新的方法、新的途径让厂商可以很轻易的进入全球最大的几个电子商务平台，让 ebay、Amazon、Newegg 等平台不再是那么遥不可及，让厂商可以轻松地进入这些市场，并且真正地成为市场的一分子。

这几年来我们从商品管理、物流运送、出口报关流程、仓储管理等方面进行了非常深入的研究，经过几年来的研发与讨论，终于建立了一套可以让国内厂商很轻易地在国际上各大电商网站进行运营的模式与平台。透过我们的平台，可以简化以往对国内厂商来说很棘手的海外贸易的各种问题，在海外平台销售自己的商品就像在国内销售一样容易。

这五年多以来，花了这么多精力，想要帮国内企业可以向外发展，我们聚集了工程、会计、设计、贸易、法律、专利方面的各种人才，一起努力研究了很长的一段时间，现在终于找到了一个新创的方式，建立了 WeGoLuck 贸易平台。通过我们的平台，希望可以有机会协助台湾的产业在世界上找到新的出路，让台湾的企业能够真正地走在世界的市场当中，不用再被困在价格与通路的战争当中。

不论在欧美、中国、东协乃至世界各角落，电子商务的发展已沛然莫之能御，而以往阻碍国际贸易的层层关卡，如信息流、金流、物流、贸易流程、仓储等，也通过网络的力量渐渐被弭平。从今天起，你不需要是跨国大企业，也不需要上亿资金，就可以将你的商品卖到全世界。微跨境时代已经来临，而我们期待自己成为这个新时代的领航者，跟各位创业者一起冲破困境。希望台湾的中小企业，通过我们的贸易平台，可以将产品销售到全世界，让价格和利润重新回到台湾产业。

目前我们已经有了一些成就，各大网站、媒体也已经注意到我们的存在，希望能够通过这个开始，让国内的企业勇于加入我们这个新创的平台。在未来，我们也将会继续努力，让国内更多的企业有机会茁壮成长，感谢媒体、企业的协助及支持， 我们会更加努力， 创造一个持续创新、持续成长，并且能够与国际无缝接轨的全球贸易平台。

感谢 WeGoLuck 团队的 Lance、Tammy、Ivan、Stan、Allen、Julia，有你们的努力，才有今天的成果。感谢曾任职 eBay 的杨俊，提供 eBay 及中国跨境电商的深入剖析。感谢中国 Newegg 软件总经理胡卫新对中国跨境电商 B2C 平台建立了标杆及完美实践。感谢横跨两岸的著名电子商务顾问 Melanie 美女，以及中国跨境电商零售第一人洋码头 CEO—Bibo 及美国老大哥 Mike。更要感谢许多业界的前辈，还有各方好友同仁的鼎力相助，让本书得以顺利完成。

作者　于台北市长安东路
2014/10/15

目录

章 *5* 中国对跨境商贸的政策及案例

章 1

传统国际贸易 VS.
微跨境贸易

早期小作坊的老板们提着一只装满样品的007手提箱，在一句英文都不会的情况下，便远渡重洋到世界各地去开疆拓土，一步一个脚印地将自家生产的商品推销到世界各国，签下一张又一张的订单，源源不断地把MIT的产品卖到世界各地，开创了产品外销的年代。

这种把在地商品推广到海外的商业行为，就称之为“国际贸易”，时髦一点的说法，就叫作跨境商品贸易，简称跨境商贸，也就是最早期的出口贸易形式。

1－1 国际贸易的现况与挑战

把产品卖到海外，几经辗转易手再卖到当地的消费者手中，中间必须经过一条很长的销售链。首先，制造商生产商品，通过贸易商（本国的出口商及国外的进口商）将商品运、销到海外，再经由海外当地的大盘商、中盘商及小盘商等区域经销商的层层运销，交由销售链末端的零售商店以实体陈列展出的方式，来吸引消费者注意、挑选及议价，最后进行交付价金并取走商品，才算完成了购买行为。

到此，似乎完成了产品的销售链，其实不然，“购买行为”后的“售后服务”也是极为复杂的流程。当消费者对所购买的产品不喜欢、发现有瑕疵或损坏情形时，就会衍生“退货”及“换货”，以及常见保固期中的“在地维修”或“后送维修”等状况。除此之外，销售过程中的商品流动（也就是所谓的“物流”），包括了经销节点的“库存”和“配送”，以及各销售节点因销售动态而发生的“调货”及“换货”行为等，其隐藏成本的无形耗损及不合章法的管理效率，都是耗时、耗力的过程。

再者，商品出售的最终目的是获取“货款”，没有收到货款，这个交易行为就是失败的，就会“亏本”。而从制造商出口商品到零售店家出售商品的过程中，各个环节所收取的商品“价金”都不同，越往下游价金越高，且收取价金的方式也不同，这种销售过程中的价金流动，就称为“金流”。理论上商品价金的交付，应该是“一手交钱，一手交货”的“银货两讫”，但在实务中却不是这样，只有店家和消费者的这一层交易，是“现金交易”或以等同现金的“即期支票”和“信用卡”来支付价金。而其他经销节点的价金交付，则包括了“远期支票”“商定的一定时间后汇款（电汇）”或“远期信用证”等支付方式。

所以严格来说，一个产品的销售行为，光是商品的转手过程以及价金的交付流程就十分的复杂且具有风险，更遑论每个国家的进口流程、法规检验及税务问题等。在任一环节出现问题，对制造商及销售过程中的各中间商，都可能造成损失。

这种层层转手销售链的对外贸易方式，以新时代的说法，就是一种B 2(To) B2B2B2……B2C 的商业模式，所谓 B 是 Business 的简称，代表生产者、贸易商或经销者等企业体，C 是 Customer 的简称，亦即消费者，也就是在第一个生产者 B 之后必须经过数个经销者 B，才能到达最后的消费者 C 手中，换句话说，从第一个 B 到最后的 C 之间，中间的 B 越多，商品的价格就会被越垫得越高。

但是，市场中的商品价值有其一定的标准，高于这个标准，市场的销售就会受到影响。换言之，价格因素是决定消费者购买的最主要因素之一，消费者无不追求“价廉物美”的商品，因此，销售链中的第二个 B，也就是作为贸易商角色的第一个大经销商，负有降低产品售价以增加销售量和自身利润的自我要求，因此他必须要缩短在他之后的经销层次和减少经销商利润，或者回过头来向第一个 B，也就是在制造商身上敲骨吸髓，来降低进口成本，当第一个 B 已无降价空间或不愿意降价时，贸易商就转换供货价格更低廉的制造商。

近二三十年第三世界新兴国家的兴起，以及中国的改革开放，在拥有廉价劳动力的强大后盾下，中国成了“世界工厂”。海纳技术层次不高且劳力密集的商品代工，这样的改变，使得一些原来在外销市场上风光数十年的国家，都遭受了严重的削价竞争和转单重挫。这种国际情势的转变是必然的，中小企业必须有自己的应对之道。价格的激烈竞争只是问题的一端，对从事国际贸易的制造商而言，尚有如下致命的问题。

第一，经销商凭借对海外通路的掌握，阻断了制造商对国际市场的好奇与了解，沦为 OEM/ODM 代工厂，生机完全被贸易商或品牌商掌控，获利低且随时都有丢单的风险。正如温水中的青蛙一样，有人说中国台湾的产品同日本产品质量相当，却只有第三国家的价格，就是这个原因。

第二，制造商即便具备研发能力，所研发出来的产品未必能获得经销商的青睐而进行销售，抑或是以小额订单来应付了事或取得样品，再将订单转到新兴国家的世界工厂去开模并大量生产，导致全心投入商品开发的制造商只沦为为人作嫁的开路先锋。

第三，制造商的商品售价是以离岸价格（FOB）计算，然终端市场的零售价却是FOB的数倍或十数倍，获取极高利润的常是通路的中间商，而非制造商，即便懊恼也无法可想，只能自我安慰或掩耳不闻地赚取微薄的代工利润，甚至与国际市场脱节。

第四，制造商与贸易商通常无法以现金交易，而是以开具远期信用证（L/C）或商定的结账期电汇货款作为价金支付，但囿于信用证开立的烦琐与银行保证的严格要求，除大型企业外，一般中小企业甚少使用，因此制造商常被迫接受以放账的方式来经营，呆账与倒账的风险随着交易量的提升也日新趋高。

第五，当订单大量来自于批发通路时，制造商若想建立自有品牌，常会面临打压或抽单，只能接受生产贴牌商品。

第六，由于劳动力密集的基础产业纷纷外移，许多制造商的生产链随之破坏，上游的原材料或半成品供应出了问题，徒然增加成本，逼得最后也只好将工厂外移。对台湾的中小企业而言，将工厂外移大陆或东南亚是最直接的应变之道。

综上所述，国际情势的转变与产业聚落的迁移，台湾制造商在腹背受敌的艰困环境下，需要重新思考如何在销售通路上取得新机会，重返国际市场，而非被迫缩编或关厂。

1－2　台湾与大陆出口产业的需求与演进

由于两岸经贸往来与合作关系非常密切，再加上大陆经济体规模远大于台湾，故从90年代台湾开放大陆投资开始，大陆经济发展就对台湾经济产生所谓“磁吸”效应，吸引许多出口导向的台商（制造业）进入大陆市场。2002年大陆及台湾相继加入WTO组织，大陆成为各国眼中最具吸引力的潜在市场，时至今日，由于大陆工资上涨、租金剧烈波动以及面临缺工等问题，台湾制造业在大陆所面临的竞争日趋激烈，因此许多当地台商被迫“西进”迁厂移至内陆，或“出走”转往东协其他国家。至于仍扎根台湾的出口制造商，持续处于低获利的代工窘境，抑或是继而重新摸索，转向从事高技术门槛的商品开发与制造，在竞争激烈的贸易红海中开创蓝海新市场。

另一个层面，面对极为广大的大陆内销市场商机，已从过去中国法令层层保护陆资企业的情势转为大举向外资开放，包含逐步降低关税，取消内销比例限制，扩大对中外合资零售企业的试点，对外资开放批发市场，开放中外合资连锁商业试点企业，允许外商设立物流配送中心或允许外商从事贸易型的批发企业等政策。但是，历经十多年的市场杀戮后，大陆内销的竞争状态已发展到“只有赢家通吃的时代”。从事大陆内销，须同时面临大陆本土企业、台商同业及众多国外知名跨国企业的剧烈竞争。如果一个企业无法进入市场前十名，就无生存空间；如果一个企业无法进入该行业前四强，就很难赚取利润。故此，若无庞大的资源或没有一番革新的创举，谁也不敢轻言进入这已被列强所瓜分的内销市场。

决定企业生存和发展的关键有五大要素：技术、营运、市场、资金与机遇。一个发展初期或转型阶段的企业不可能同时具备上述五大要素的优势，因此，应依据自身的条件，采取以“市场”要素先行，带动其他要素同步发展的战略。观察中小企业中的佼佼者，他们的选择不再只是单纯代工，转而进入自行出口行列，努力于海外市场争取有效的曝光机会并铺好稳定的销售通路，进而致力于品牌知名度的建立（不论该品牌是自创、合资或并购其他企业品牌），同时也利用品牌的概念，巩固并扩大自有的营销通路。使品牌和通路在市场上相辅相成，继而也带动其他四大要素，扩大企业规模。

反观台湾的本主企业，不论是因大陆出口产业崛起的影响，还是内需市场的割喉竞争，都一再面临了“不创新必被淘汰”的瓶颈，长期而言，企业真正需要的是从制造导向向市场导向的转型。

过去，我们不懂市场。产销分工的架构一直是制造业奉行的宗旨，习惯由海外客户告诉我们“市场”要什么，总认为把“制造”做好（价格压低、规格提升），产品就会卖出。至于到底谁买了我们的商品，买了之后做什么，用了多久，以后还会不会再买或会不会推荐朋友买，好像都不关我们的事一样。久而久之，我们自然被通路下的中间商（出口商、进口商、批发商）匡制住，而无法获知宝贵的末端市场信息。

制造业常是从代工厂做起，技术的纯熟和产品的优良毋庸置疑，但总是在别人的品牌下，为人作嫁。生产固然重要，但必须掌握市场（品牌 + 通路），才不会受制于人，也能掌握较大的获利空间。戴尔计算机决战于市场的策略，是采取直接与消费者接触，了解消费者的需求，然后根据消费者的需求，提供合宜的产品。戴尔的策略重点是投资市场而非工厂，打的就是“宁愿要营业销售，不要自己的工厂”的如意算盘。

制造业长期饱受商品利润被中间通路商层层剥削的困扰，若能带着自有商品踏入海外消费市场，跳过不必要的转手，第一手掌握末端市场的信息，实时调整价格策略或依实际的销货量进行产线的调配等，即可用最低的成本和适当的价位来满足市场需求，在众多竞争对手中脱颖而出。这也意味着，涵盖销售通路的制造业将渐渐取代专注生产的传统制造业，成为市场主流，并握有利润分配的主导权。这也一直是制造业既期待又怕受伤害的梦想。

现在，网络是汽车。就如同福特汽车创办人 Henry Ford 最初无法向只懂骑马的消费者说明汽车到底是什么一样，网络对大多数人而言，是前所未见的东西。网络是营销，也是通路；它是工厂，也是市场；是生产者聚集的地方，也是消费者聚集的地方；它是沟通工具，也是交易工具；它让你接收信息，同时也让你发布信息；它让你做销售，但也能做客服；它就是网络。

当网络深入产业的应用后，它涉略的是一个商业的领域，而这样的商业运用应是一个全方位的系统整合。因为它的出现，改变了产业生态，制造业的商品有了通往消费市场的最短路径，同时也让末端消费市场的信息可以准确地直接回馈给商品制造商，呈现畅通无阻的双向管道。

未来，消费板块位移。网络普及的十多年来，愈来愈多的消费者不再“骑马”，而是依赖“网络”这辆车。虽然是一样的商品需求，不变的销售逻辑，但从消费者的沟通方式、购买行为、交易模式、信息来源与品牌信息接收等，皆已渐渐地转换为“网络”形态。因此，制造业不该只专注于代工制造，而更需要关注市场，善用网络这个实时传递的工具，让投入心血产出的智慧结晶有更宽广、更直接的曝光机会。

时下局势的演进，并非要我们摒弃制造业的脑袋（规格、产能、良率），而是在我们既有的制造实力下，增强对市场的敏锐度与灵活度，并善用电子商务带来的新局面，进行一番通路新革命。电子商务的三大要素，金流、物流及信息流在历经产业与市场需求的洗礼下，不断精进及完整，除了市场已熟知的区域型电子商务外，未来的 3 ~ 5 年将会进入跨境式电子商务的全球演进，并针对跨境交易可能面临的不同法务、税则、文化与语言转换等细节，产生更加灵活的整合方案。

1-3 全球电商的发展

自1993年美国总统克林顿先生发表《Internet 白皮书》，不到三年的时间电子商务已大幅增长，其主要原因是成本低且提高社会生产效率，因此带动了多产业自产自销的商业模式，电子商务也成为另一种新的社会经济形态。

观察近十年的电子商务发展，自以物易物的网络交易概念发源，初期以在短程距离下可达成的商品转换为主，形成同语言、同货币一并配合当地运送系统的交易机制，最为知名者为1995年创立的eBay，推出广为人知的个人及小型企业买卖的服务交易平台，并自二手商品的交易逐渐演变为新品曝光及销售的兵家之地。eBay是典型的C2C形态，亦即是个体对个体的交易方式，随着电子商务的大量兴起，从而带动了企业对个体的交易，开启了市场上B2C交易形态的纪元。

随着交易量的大幅增长，对于该种小额交易的安全机制与低廉手续费的金流需求也日趋强大。1998年创立的PayPal所提供的第三方支付模式即成为网络交易与银行往来间的重要平衡，时至今日，已推广至全球超过200个国家。同期间因应大陆内销市场的庞大商机，2004年推出的支付宝则成为大陆电商的金流代表，与PayPal分庭抗礼。

因应金流机制的成熟与简便，交易的范围亦从区域型逐渐扩张，对于物流衔接机制的需求亦随之而起。1935年美国销售协会最早对物流进行了定义，物流（Physical Distribution）是包含于销售之中的物质数据和服务，从生产地到消费地流动过程中所伴随的种种活动。

综观国际，任何杰出成熟的企业体，除了须具备丰沛的专业素养和完备的设备体系外，更重要的是必须拥有强而有力的后勤支持体系。而在目前市场的通路竞争中，“完善的物流管理支持”则扮演了决定成功的关键。

随着 B2C 交易形态的活络，早期车库创业的仓储胃纳量明显不足，且对于商品运送达成的有效性与实时性需求亦日趋热烈，因此带动了电商业者租赁仓库或自建仓库的风潮，享有 B2C 龙头美誉的 Amazon 更大刀阔斧地自建仓储，并大力推动 Fulfillment by Amazon（简称 FBA），同时更搭配具时效性配送的快递业者来完备整体运送服务，至此，区域型电子商务在同语言、同货币、配合当地运送系统外，更搭配发货仓的生态聚落已然完备。

因物流体系的完整，区域型 B2C 电商的供应需求，自当地既有盘商或批发商的供给，逐渐衍生为直接向制造商或产地进行交易，然囿于空运成本的高门槛，使得小额邮包的跨境交易仅限于特定商品上，因此近年来海外 B2C 电商开始思索如何能将货源直接自产地供给，透过制造商优势来强化既有 B2C 电商的发展，也因此逐渐对传统贸易行为产生了影响。

中国对外经贸大学的国际商务研究中心主任王健教授在近期更是明确指出[①]，电子商务的发展将为海外仓库经营及一般贸易运输带来转型的机遇，预测未来跨境电子商务的发展将从 B2C 发展转向 B2B，且将由小包的邮运转向集运及一般贸易，未来 5 ~ 10 年会发生不同变化，更推动产业向前发展。除此之外，物流业务的使用将趋向集约化，亦即将物流业务集中到一个平台，在这个平台上将货物的追踪、库存管理，乃

① 资料来源：中国商务新闻网。

至运输方式的整合、签单与数据交换等都融入其中，达到集合效应，进而提供货主便捷且优异的“单一窗口服务”。

本书第三章中介绍的电商业者 WeGoLuck 即呼应了王健教授的预测，是全球提出单一窗口服务的领先者，率先提出协助台湾出口制造商及出口贸易商快速进入跨境销售的全套式服务平台，利用既有的海外 B2C 电商环境，辅以全球顶尖物流业者的异业结合，向出口制造商及贸易商提供包含商品管理、海外仓储、当地配送、完善金流及账税务等全面性服务，除使出口制造商与贸易商能享有优异的“单一窗口服务”外，更能大幅提高商品获利能力，因此该服务一推出即备受关注。

由此可见，两岸出口产业均有共同的趋势，业者及专家提出的跨境通路皆明确指出，未来将是以制造业为主的通路革命，一如以往每当环境开始变化，就会有新局势的产生，能占尽先机的企业将有机会联结全球热络的电商通路。更进一步，未来电子商务提供的不只是跨境、跨语言，甚至多语言、多国跨境的电子商务需求也逐渐形成，开启另一个电商市场的新蓝海。

电子商务是通路革命，是“微而不微”的交易形态。电子商务是通路的革命性改变，透过网络的无远弗届，使四面八方的买家都可以进行在线交易，网络虚空间的应用打破了传统实体通路在商品陈列上的限制，不再囿于空间而只专注于大众商品，而更能容纳过去总被抛弃的冷门利基商品，是经济学上“长尾理论”的最佳体现。即便这小众的利基商品只能售出少数，所创造出来的利润却是惊人的。

不管是热门商品还是冷门商品的交易，网络交易令人趋之若鹜的是它聚沙成塔的规模经济能力，这种单笔交易看似微小，实则

“微而不微”，它所累积的营业额屡屡让市场惊艳，这也是电子商务迷人之处，正是它能够颠覆传统实体通路的雄厚实力。近年来，电子商务已逐渐迈入跨境及全球化布局，据尼尔森数据显示，2013年以空运为主的全球跨境电商交易额达1000亿美元，预计到2018年将会增长300%，达到3000亿美元的规模。不管是王健教授的预测还是全球电商研究机构的数据，都显示未来几年跨境电商将在全球以锐不可当的趋势发展，而出口制造商及贸易商将在这进程中扮演重要的核心角色。

1-4 “跨境电子商务”对外销厂商的冲击和机会

过去，电子商务一度成为外销出口制造商的梦魇，微量的削价竞争或单一个案的破坏式抛价发生时，屡屡造成国际采购对出口制造商的打压与降价。然而当网络交易呈现惊人的市场成长时，除了海外通路中间商前仆后继的投入外，亚洲的出口制造商及贸易商亦趋之若鹜地希望能分得一杯羹，但囿于空运费用的高门槛，仍以特定商品的小额邮包运送为主，无法泛用于各产业，如同王健教授所指出的，跨境电商的大幅跃进必须配合完整的物流体系，换言之，应当融入既有商品进出口及海运运输的贸易生态，搭配海外仓库资源与当地配送链接，以降低商品跨境的物流成本，使制造货源直销海外B2C市场的跨境电商得以真正实现。

2012年创下28亿美金营业额佳绩的全美第二大电商Newegg，大张旗鼓地在亚洲设立分公司，广邀出口制造商及贸易商成为他们的跨境供货商，打出每月超过3500万个独立访客的浏览量（其中约有2500万个是Newegg注册的常态客户）的优异曝光实力，倘若跨境电商不再受限物流框架，得以大量供货至如同 Newegg 的海外 B2C 电商，对既有的出口产业将会造成如下的冲击。

（1）既有市场与客户的平衡

当出口产业得以用直销供货商的角色进军海外 B2C 电商时，首当其冲的必定是在海外既有通路体制下的平衡，包含供货商品的选择、供货价格的制定、专有代理权的重新分配以及供货数量的掌控等，都是供货商必须审慎评估的要点。

（2）隐藏的竞争对手涌现

当跨境电商被大举开发后，过去被传统批发通路商垄断的制造商集中状况，将大幅开放，换言之，B2C 电商认为商品的选择应当交由市场机制来决定，他们欢迎任何合法且具货源的供货商，因此，过去许多不敌成本优势而被传统通路商拒之门外的供货商将有机会崭露头角，市场竞争将越趋激烈。

（3）商品设计与研发能力的考验

当某商品热销时，同构型或俗称山寨版的复制款将在短时间内大量涌现，供货商必须具备专有技术或开发能力，才能在一波波的竞争中脱颖而出。

（4）当地认证与销售许可的取得

当出口产业能够直销海外 B2C 电商，意味着产业必须对熟知当地进口法规与销售许可状况，也需具备取得相关认证的实力，部分产业在过去 OEM/ODM 代工时，将耗时耗资的商品认证全数交由进口商或批发通路商处理，长期下来，无法在短时间内取得认证或需要耗费巨资来达成，因此，仅能深陷于代工的恶性循环下，拥有傲人的开发或制造能力却无力进军市场。

（5）经营者对市场营销的敏锐度与灵活度

过去出口产业专注于商品开发与制造，被迫仅能在 BOM 表成本上精打细算，当跨境电商之路打通之际，出口产业的经营者必须能够广纳市场信息，并进行适度的市场营销策略，这意味着一种商品卖遍天下的时代已经结束，取而代之的是可以容纳多样选择的新舞台，同时，如果只能在商品成本上打转，而非善用通路资源与营销力道，终究也只能成就昙花一现的佳绩。

常言道："水能载舟，亦能覆舟。"跨境电商的冲击，是危机也是转机，驾驭得宜的出口产业能在这一波新蓝海中获得如下的商机。

（1）品牌遍地开花

如前所言，长尾理论在网络市场遍地开花，因此，B2C 电商与传统实体通路迥异，他们欢迎任何品牌或自有品牌的商品供应者，允许供货商在商品营销的同时，推广品牌形象，甚至，他们可以成为任何下一个知名品牌的幕后推手。

（2）价格不再是唯一的交易取向

长期处于贸易劣势的制造商对于价格竞争如惊弓之鸟般惧怕，但电商市场却是价格竞争最为模糊且难以定义的兵家之地，商品成交不再受限于价格取向，电商环境、店家评比、包套商品、运送有效性或退换货服务等都是影响交易的重要因素，甚至消费者追逐着具质量信赖度与设计新鲜度的高变化度商品，最耳熟能详的是 Amazon 提供了优异的消费服务，使得消费者愿意多花费一点来享受商品购买。价格，不再是成交的唯一王道。

（3）实验性研发商品的摇篮

制造商常遇到新颖技术或设计应用的市场接受度挑战，过去，除了事先投入模具开发外，仍须说服通路商试购、铺货，接受成本与时间的双重考验，屡屡重创制造商的创意奇想。现今不管是3D打印或打样试模品投入费用都大幅降低，因此，制造商可以投入微量试样品在电商通路上试水温，观看市场反应来规划日后开模或投产的计划。

（4）重新验证市场需求

过去受限于批发通路上对大众商品的框架，许多供货商的设计品与开发品都未能真正被采纳或试销，供货商可以将投入心血而被束之高阁的商品公之于市，听听市场真实的声音来决定商品的价值。

（5）企业体真正走向国际化

历经市场考验后，除了经营者脱颖而出外，他所带领的企业体与团队也将真正迈入国际化格局，公司文化、品牌形象与市场营销成为必修的显学，不管是人才的培养、教育的传承、内部的管理与稽核、国际视野的开阔与提升、全球布局的规划等，都将为企业体注入新的热情与力道，企业历经淬炼后将有效提升。

1-5　现有跨境电商的瓶颈与突破之道

市面上现有跨境电商仍以空运配送为服务主轴，包含了PChome USA、台湾易成网、大陆兰亭集势（Lightinthebox.com）以及大陆敦煌网（DH Gate）等耳熟能详的先行者，本章节就个别网站做概略分析。

（1）PChome USA

台湾网商家在2014年推出的跨境电商，主打北美华人地区，强调O2O服务的实现，夹带着PChome在台湾累积的供货商实力，希望为产业打通海外电商大门，但受限于商品语言转换的门槛，而未能将供货商资源打入美国主流市场。网站概析如表1-1所示。

表 1－1　PChome USA 的网站概析

客户群	美国个体卖家或终端买家
商品	囿于空运门槛，以轻量小件货品为主
货权	供货商
商品定价	供货商决定市场零售价
信息流	PChome USA 掌管，然仅提供繁体与简体中文版，服务北美华人地区
物流	供货商直接从台湾地区发货，采加价空运达成 Door to Door 的递送服务
金流	支付连 & 信用卡
退换货	由买卖双方自行处理
瓶颈	1. 语言受限，难以打入美国主流市场。 2. 除建置曝光平台给供货商外，未提供其他达成交易的完善配套措施，可能造成供货商售货后的海外困境与问题，因此难以获取供货商的支持与信任。

（2）台湾易成网

台湾外贸协会为出口制造商推出的样品交易平台，该网站的有效浏览量取决于外贸协会对海外进口商及批发商的推广力道，网站主打制造商与海外企业买主间的式样交易，然此举背离既有贸易生态，又能成为海外买主搜寻制造商的管道之一。网站概析如表1－2所示。

表 1－2　台湾易成网的网站概析

客户群	全球寻求 OEM/ODM 货源的企业买主（进口商与批发商）
商品	未限制
货权	供货商
商品定价	供货商决定样品价
信息流	易成网掌管，英文版网页
物流	供货商直接台湾发货，采加价空运达成 Door to Door 的递送服务
金流	PayPal & 信用卡
退换货	由买卖双方自行处理

续表

客户群	全球寻求 OEM/ODM 货源的企业买主（进口商与批发商）
瓶颈	1. 国际市场上的 OEM 或 ODM 订单，将求批量或大量投产，以薄利代工来换取长期合作的基础，因此，制造商多半提供免费送样的服务，因此，该网站能成就的交易买主可能是小额买主，非批量或大量的合作关系。 2. 如同 PChome USA，未提供其他达成交易的完善配套措施，但因它的主要客群非消费端，因此即便有交易，也不会引发供货商售后的海外困境与问题，但该网站能否真正有效推广备受考验。

（3）大陆兰亭集势（Lightinthebox. com）

大陆首屈一指的跨境电商代表，主打中国货源全球交易的业务形态，也就是向全球中小零售商提供一个中国货源的交易平台，采取向供货商采购再由兰亭集势销售的交易方式，强调提供完善退换货机制，在全球累积人气与信誉，但受限于空运门槛，故其商品集中在 3C 商品、服饰、玩具、小型家用品与运动用品等。网站概析如表 1 – 3 所示。

表 1 – 3　大陆兰亭集势的网站概析

客户群	全球中小型零售商
商品	中小型商品，以 3C 商品为主
货权	兰亭集势
商品定价	兰亭集势
信息流	兰亭集势掌管，多国语言版
物流	向供货商采购后，存放于兰亭集势的大陆仓库中，再以空运发货
金流	电汇、西联汇款、PayPal & 信用卡
退换货	由兰亭集势负责，买主可在到货后 14 天内享有退换货权利，退货商品分别退回美国仓或欧洲仓，其他地区则需返回大陆仓。
瓶颈	1. 兰亭集势承担了商品交易的风险，其盈利主要源自于采购成本与零售价间的价差。换言之，必须不断寻找可以提供长期放账的供货商支持，并且采购人员必须具备优异的商品选择能力。 2. 如同全球知名的鞋子大王 Zappos 的发展，必须在巨额资金的支撑下，大举网罗货源，考验经营者的财务杠杆能力。

（4）大陆敦煌网（DH Gate）

如同兰亭集势的业务宗旨，希冀成为大陆供货商资源衔接海外中小零售商的渠道，但服务方式与兰亭集势迥异，敦煌网提供信息媒合，向供货商发布海外订单信息，并要求供货商在 48 小时内自行发货，并在海外买主确认收货无误后向敦煌网请款。网站概析如表 1－4 所示。

表 1－4　大陆敦煌网的网站概析

客户群	全球中小型零售商与批发商
商品	囿于空运门槛，以轻量小件货品为主
货权	供货商
商品定价	供货商决定，价格须内含敦煌网的佣金
信息流	敦煌网掌管，英文版网页
物流	敦煌网发布订单信息后，供货商须在 48 小时内空运
金流	敦煌网掌管，确认交易成功后，供货商可向敦煌网请款
退换货	由买卖双方自行处理，但若有纠纷产生，敦煌网会居中善意协调
瓶颈	1. 敦煌网供货商须具备自行开店的能力，换言之，必须能够自行阐述甚至营销商品，想办法得到海外买主的关注。 2. 订单的达成度是敦煌网茁壮的关键，为使供货商提供优异的商品及配送达成，敦煌网居中扮演如同 PayPal 般的金流控管者，却无法为供货商提供完善的售后服务机制与协助，因此，良莠不齐的买卖双方可能威胁敦煌网的评比与信用。

综观上述跨境电商业者，无不想方设法地为制造商杀出一条通往海外市场的血路，但在未有海外发货仓库与管理能力的情况下，不仅交易商品受限，也无法提供完善的售后服务来累积买卖双方的信任度，进而无法真正为制造商打通进军海外市场的康庄大道，甚为可惜。除了呼应王健教授就跨境电商演进下物流体系转变的预测外，若要发展跨境电商，必须为供货商解决语言及文化转换的困境，是以协助供货商抑或由电商自行投入商品刊登的方式来执行，前者是敦煌网的方式，后者则是

兰亭集势的做法，各有优劣。

除此之外，小额邮包的空运配送与国际贸易是迥异的生态链，上述跨境电商仍是以小额邮包的空运来达成交易为主，因此在国际贸易方面着墨不深，兰亭集势采取由自身企业一肩扛起售出后的商品跨境实务，而敦煌网是以提供国贸知识来协助供货商学习为主，但国际贸易的既有优势或实现皆并未在上述电商中显露。拜小额邮包为主的业务导向所赐，供货商或电商业者只要透过适当的第三方金流机制确保收款无虞，即可大幅降低交易风险，唯须注意零散式海外收入时所产生的境内账务及税务问题。

1－6　从传统贸易到微跨境贸易

跨境电商的真正体现是将海运贸易融入电商通路，在打破商品空运受限的同时，必须备妥完善的当地仓储与配送资源，才能降低物流成本并保有 Door to Door 的 B2C 网络交易特性。传统贸易上，制造商采用大批量或整柜出口的贸易方式来达成单一交易，在收款无虞的前提下，商品出口后可视为银货两讫的状况，而在电商市场上，能够在化整为零的分销力道，以及聚沙成塔的市场规模两大势力下取得交流与平衡，则可以为制造商开启一条跨境的康庄大道，此时，既有的批量海运贸易产生了低物流成本的优势，而当地仓储暨配送资源则成为市场分销的强大后勤支持，同时更提供了因应当地退换货需求的完整性与可服务性。

一般来说，在具备曝光资源的情况下，网络交易可在 7～10 天内发酵反馈，因此，跨境电商的贸易方式应当善用沃尔玛（Walmart）当年将补给车队视为行动仓储的独到见解，利用市场反馈的销售率来计算预期缺货，进而适量地动态补货，达成最佳的仓储周转率；换言之，跨境电商下的贸易机制将偏向于微型或少量出口，并搭配适当的出口频率，得以衔接以周为单位的分销力道，因此，跨境电商将有别于传统贸易，称之为微跨境贸易。

促成制造商自传统贸易转投入微跨境贸易的重要推手，是制造商获利能力的提升与对市场需求的感知开启，换言之，制造商必须明确知道商品的市场定位、能够承担的交易风险及较佳获利的预期。

（1）商品的市场定位

制造商必须明了市场需求与商品竞争力后，在商品选择、商品数量与价格制定的三大要素下，进而权衡市场营销力道的达标率，以评估该商品投入跨境电商的可行性。

（2）能够承担的交易风险

对于收款无虞的风险，以及当地仓储资源与配送机制所带来的售后服务可及性，在都反映出制造商的最高风险值与最低进入门槛。换言之，商品售出后未如期取得货款，最高损失就是商品本身，在少量投入的情况下，制造商得以衡量损失；而若能协助制造商提供商品的当地售后服务，则大幅度消弭了跨境退换货的高成本隐忧，降低了空运门槛。

（3）较佳获利的预期

传统贸易采薄利多销，跨境电商必须专注在获利提升的能力上，才能引发制造商在聚沙成塔的市场规模上的共鸣；同时，电商通路所带来的灵活营销与品牌推广，将同样引导制造商对获利的预期心理，转变为深耕品牌的决心。

跨境电子商务的“微经贸”成长，关系到国家对外经贸的发展，2014 年 9 月，以蔡玉玲政务委员为首，协调 15 个单位副首长，协助跨境电商提供快速募资机制并完善电商发展环境，全力打造台湾地区成为亚太电子商务中心，对台湾出口产业和电商业者皆甚为可喜。现阶段政府应该快速地培养专业人才，为这场通路新革命注入新鲜血液，集中行政资源投入跨境电商的生力军培育，并且就中小型企业的品牌辅导提供完善的教育训练，以及相关补助措施或经费等，加强设计人才的国际视野，以期在打造亚太电商中心的同时，协助出口产业重返国际市场，累积软实力对产业聚落的深度刻画。

1. 解析“微跨境贸易”懒人包

所谓的微型贸易是指什么呢？

其实很简单，就是低成本、低人力的又可跨国际的销售模式。

不可不知：什么是“微”？一箱也可出货，你一定办得到，最重要的是你可以现在就开始；

什么是“跨境”？不限本地，扩大销售市场，不同区域也要营销出去。

什么是“贸易”？跨出国门，不同国家、不同客户也要卖给他。

必胜绝招：走路走不到的，那么就用网络吧！

突破瓶颈：企业＋电子商务＋多国＋多通路＝业绩倍增

赢家筹码：不懂的给懂的做＝物流＋金流＋信息流＋服务＋仓储＋在地经营＋国际通路；

懂的自己做＝有卖相的商品＋有价值研发＋创新的思维。

分工合作：善用资源，借力使力不费力，一起抢攻市场大饼不是梦。

群聚力量：母鸡带小鸡，站在巨人肩膀一起飞。

避弱击强：找专家顾问抄快捷方式。

2. 搞懂“微跨境贸易”随身笔记

看见中小企业跨境销售的无限可能！抢攻全球商机美梦成真！

革命且创新方式绝对是帮助中小企业的一把重要拓销武器，运用网络打开海外市场，借由低门槛低条件多资源整合的模式，帮助厂商重新定义市场，为其打造海外通路。

把中小企业在跨国跨境中最弱势的金流、物流、仓储、通路、语言等复杂程序解决，又以网络当优势透过结盟强化营销通路。

在策略上，以站在中小企业的角度达到双赢，以小搏大，台湾产品可轻易跨出国门，逆转市场。

3. 请你跟上“微跨境贸易”一起出发

跨国平台通路的建立上，已经不单是阿里巴巴及 eBay，中国的官介、学界已有更多的人才投入，加速建立跨国通路，让我们一起运用微贸易从一箱货出发，在网络跨境交易上看见企业生意的新出路。

4. 现在你准备好了吗？

这是一个网络时代，也是全民营销的时代，在宅经济持续发烧的情况下，网络微型创业成为很多人创业的新选择，主要原因是，所需的资金门槛及操作技术需求较传统创业来得低。

如果有一套方案让你无须从零学做起，借力使力快速打造你的营销通路，并且借此建立你的网络微贸事业，这肯定对台湾企业带来极大帮助！

善用国际商战专家实战经验与方法，这种技能有多宝贵呢？却有机会实现。

想象一下，当你运用完整的微贸易营销方法之后，将可以大大地帮助你建立公司产品品牌，这种资源有多棒呀！

不过企业都有扩大欲望或意愿，要真正跨出第一步相当困难，甚至永远只停留于纸上谈兵，你也有同样的困扰吗？微贸易的目的在帮助企业掌握到真正有效又完整的流程，老兵带新兵把台湾产品用群聚力量在网海中征服国际。

章 2

微跨境电商的应用与案例

2-1 Amazon 的做法

亚马逊公司是在 1995 年 7 月 16 日由杰夫·贝佐斯（Jeff Bezos）成立的，一开始叫 Cadabra，性质是基本的网络书店。然而具有远见的贝佐斯看到了网络的潜力和特色，当实体的大型书店提供 20 万本书时，网络书店能够提供比 20 万本书更多的选择给读者。因此贝佐斯将 Cadabra 以地球上孕育最多种生物的亚马孙河重新命名，于 1995 年 7 月重新开张。该公司原于 1994 年在华盛顿州登记，1996 年时改到德拉瓦州登记，并在 1997 年 5 月 15 日股票上市。

亚马逊公司的最初计划原本是在 4～5 年之后开始有赢利，2000 年的网络泡沫造成了亚马逊公司平稳成长的风格成为独树一帜的佳话。在 1990 年代有相当多的网络公司快速成长，当时亚马逊公司的股东不停抱怨贝佐斯的经营策略太过保守和缓慢，而网络泡沫时候，那些快速成长的网络公司纷纷结束营业，只有亚马逊还有获利，2002 年的第四季，亚马逊的纯利约有 500 万美金。2004 年则增长到 3 亿多美金。

亚马逊公司朝着多元化的产品销售发展，贩卖的产品从音乐零售 CD、录像带和 DVD、软件、家电、厨房项目、工具、草坪和庭院项目、玩具、服装、体育用品、鲜美食品、首饰、手表、健康和个人关心项目、美容品、乐器等应有尽有。

2004 年 1 月，亚马逊更推出总统候选人特别活动，鼓励顾客捐赠 5～200 美元给他们心目中理想的美国总统候选人，作为竞选活动经费。1999 年贝佐斯因经营策略得法，成为《时代》杂志的年度人物。

2010 年 3 月 15 日，已拥有 23 大类、超过 120 万种商品的网上商城卓越亚马逊发布了《网络购物诚信声明白皮书》，主要就消费者网购普遍关心的“正品”和“退换”问题，针对售前和售后的诚信保证做出具体阐释。卓越亚马逊认为，网购诚信主要分为“售前诚信”和“售后诚信”。售前诚信指消费者对于网络商城品牌的信任度以及每件商品是不是“正品”。对此，卓越亚马逊对消费者推出了“天天低价，正品保证”的承诺。卓越亚马逊总裁王汉华解释说：“作为全球商品品种最多的网上零售商亚马逊在中国的网站，卓越亚马逊在软件数码、家电 3C、玩具礼品等各类商品都有正品保证。”

2011 年 10 月，卓越亚马逊正式更名为亚马逊中国，同时启用了为中国消费者量身定做的世界最短域名 z. cn，帮助消费者能够更快、更便捷地访问亚马逊中国网站，也大大便利了移动设备使用者的访问。

亚马逊中国发展迅速，每年都保持了高速增长，用户数量也大幅增加。它已拥有 28 大类，近 600 万种产品。

2012 年 9 月 6 日，亚马逊在发布会上发布了新款 KindleFire 平板计算机，以及带屏幕背光功能的 Kindle Paperwhite 电子阅读器。

目前，亚马逊已成为全球第一网络销售平台，全球商品品种最多的网上零售商和全球第二大互联网公司。

2013 年亚马逊第三方平台业务收益超过 700 亿美金，目前以北美为最大市场，占约 56%，全球已经拥有超过 2500 万个 Prime 级用户，贡献了平台总收益超过 50%。

亚马逊美国站目前浏览率全球排名第八、全美排名第五，一天平均有约 10840000 人浏览，平均在线浏览时间约 8 分钟，女性用户仅占亚马逊用户总量的 48.8%，具体到 25～34 岁的女性，则仅占 46.4%。

一、亚马逊发展策略

1. 销售策略

(1) 产品策略

亚马逊书店根据所售商品的种类不同，分为三大类：书籍(BOOK)、音乐（MUSIC）和影视产品（VIDEO），每一类都设置了专门的页面。同时，在各个页面中也很容易看到其他几个页面的内容和消息，它将书店中不同的商品进行分类，并对不同的电子商品实行不同的营销对策和促销手段。

(2) 定价策略

亚马逊书店采用了折扣价格策略。所谓折扣策略，是指企业为了刺激消费者增加购买，在商品原价格上给予一定的回扣。它通过增加销量来弥补折扣费用和增加利润。亚马逊书店对大多数商品都给予了相当数量的回扣。例如，在音乐类商品中，书店承诺："You'll enjoy everyday savings of up to 40% on CDs, including up to 30% off Amazon. com's 100 best-selling CDs（对 CD 类给 40% 的折扣，其中包括对畅销 CD 的 30% 的回扣）。"

(3) 促销策略

常见的促销方式，也即企业和顾客及公众沟通的工具主要有四种，分别是广告、人员推销、公共关系和营业推广。在亚马逊书店的网页上，除了人员推销外，其余部分都有体现。

逛书店的享受并不一定在于是否有足够的钱来买想要的书，而在于挑选书的过程。手里捧着书，看着精美的封面，读着简介往往是购书的一大乐趣。在亚马逊书店的主页上，除了不能直接捧到书外，这种乐趣并不会减少。精美的多媒体图片，明了的内容简介和权威人士的书评都可以使人有身临其境的感觉。

主页上广告的位置也很合理，首先是当天的最佳书目，而后是最近的畅销书介绍，还有读书俱乐部的推荐书，以及著名作者的书籍等。不仅在亚马逊书店的网页上有大量的多媒体广告，而且在其他相关网站上也经常可以看到它的广告。例如，在 Yahoo！上搜索书籍网站时就可以看到亚马逊书店的广告。

该书店的广告还有一大特点就在于其动态实时性。每天都更换的广告版面使得顾客能够了解到最新的出版物和最权威的评论。不但广告每天更换，还可以从“Check out the Amazon. com Hot 100. Updated hourly”中读到每小时都在更换的信息。

亚马逊书店千方百计地推销自己的网点，不断寻求合作伙伴（associate）。由于有许多合作伙伴和中间商，顾客进入其网点的方便程度和购物机会都大大增加，它甚至慷慨地做出了如下承诺：只要你成为亚马逊书店的合作伙伴，那么由贵网点售出的书，不管是否达到一定的配额，亚马逊书店将支付给你 15% 的介绍费。

这是其他合作型伙伴关系中很少见的。亚马逊书店的合作伙伴已经有很多，从其网页上的下面这段话“In fact, five of the six most visited Websites are already Amazon. com Associates. Yahoo! and Excite are marketing products from their Websites. So are AOLcom, Geocities, Netscape, and tens of thousands of other sites both large and small.”中，我们可以得知：包括 Yahoo！和 Excite 在内的五个最常被访问的网站已经成为亚马逊书店的合作伙伴。

亚马逊书店专门设置了一个 gift 页面，为大人和小孩都准备了各式各样的礼物。这实际上是价值活动中促销策略的营业推广活动。它通过向各个年龄层的顾客提供购物券或者精美小礼品的方法吸引顾客长期购买本商店的商品。另外，亚马逊书店还为长期购买其商品的顾客给予优惠，这也是一种营业推广的措施。

亚马逊书店专门的礼品页面，为网上购物的顾客（包括大人和小孩）提供小礼品，这既属于一种营业推广活动，也属于一种公共关系活动，而且能加强企业和公众之间的信息沟通，它虚心听取、搜集各类公众以及有关中间商对本企业和其商品、服务的反映，并向他们和企业的内部职工提供企业的情况，经常沟通信息。公司还专门为首次上该书店网站的顾客提供一个页面，为顾客提供各种网上使用办法的说明，帮助顾客尽快熟悉，这也是一种搞好公共关系的方法。

2. 服务策略

（1）搜索引擎

一家书店，如果将其所有书籍和音像产品都一一列出，是没有必要而且对用户来说也是很不方便的。因此，设置搜索引擎和导航器以方便用户购买就成为书店的一项必不可少的技术措施。在这一点上，亚马逊书店的主页就做得很不错，它提供了各种各样的全方位的搜索方式，有对书名的搜索、对主题的搜索、对关键词的搜索和对作者的搜索，同时还提供了一系列的如畅销书目、得奖音乐、最卖座的影片等的导航器，而且在书店的任何一个页面中都提供了这样的搜索装置，方便用户进行搜索，引导用户进行选购。这实际上也是一种技术服务，归结为售前服务的一种。

（2）问题解答

除了搜索服务之外，书店还提供了对顾客的常见技术问题的解答这项服务。例如，公司专门提供了一个 FAQ（Frequently Asked Questions）

页面，回答使用者经常提出的一些问题。例如，如何进行网上的电子支付，对于运输费用顾客需要支付多少，如何订购脱销书，等等。而且，如果你个人有特殊问题，公司还会专门为你解答。

（3）用户回馈

亚马逊书店的网点提供了电子邮件、调查表等获取用户对其商务网站的回馈。用户回馈既是售后服务，也是经营销售中的市场分析和预测的依据。电子邮件中往往有顾客对商品的意见和建议。书店一方面解决用户的意见，这实际上是一种售后服务活动；另一方面，也可以从电子邮件中获取大量有用的市场信息，常常可以作为指导今后公司各项经营策略的基础，这实际上是一种市场分析和预测活动。另外，它也经常邀请用户在网上填写一些调查表，并用一些免费软件、礼品或某项服务来鼓励用户发来回馈的电子邮件。

（4）读者论坛

亚马逊书店的网点还提供了一个类似于 BBS 的读者论坛，这个服务项目的作用是很大的。企业商务网站中开设读者论坛的主要目的是吸引客户了解市场动态和引导消费市场。在读者论坛中可以开展热门话题讨论。以一些热门话题，甚至是极端话题引起公众兴趣，引导和刺激消费市场。同时，可以开办网上俱乐部，通过俱乐部稳定原有的客户群，吸引新的客户群。通过对公众话题和兴趣的分析把握市场需求动向，从而经销用户感兴趣的书籍和音像产品。

（5）实时视频

截至 2013 年 3 月 18 日，亚马逊制作了一系列大预算的电视剧集，这些剧集仅可通过互联网观看，原因是这家公司正在与 Netflix 展开“战争”，竞相利用人们对于在智能手机、平板计算机和互联网电视上观看电视节目的兴趣，以扩大自身在流媒体播放服务这一领域中的占有率。

亚马逊制作了至少11部试播剧集，其中有些剧集是由约翰·古德曼（John Goodman）和比尔·默里（Bill Murray）等大明星主演的。这些试播节目将从今年春天开始面向公众播出，然后被制作成连续剧或是被束之高阁，具体则要视观众对试播节目的反应如何。这些试播节目将会在一项名为"Amazon Instant Video"（亚马逊实时视频）的服务中播放，观众可对其做出回馈。在英国，这些试播节目还将在亚马逊旗下的互联网视频服务Love Film上播出。

3. 物流策略

（1）配送模式

在电子商务中亚马逊将其国内的配送业务委托给美国邮政和UPS，将国际物流委托给国际海运公司等专业物流公司，自己则集中精力去发展主营和核心业务。这样可以减少投资，降低经营风险，又能充分利用专业物流公司的优势，节约物流成本。

（2）实行零库存

亚马逊通过与供货商建立良好的合作关系，实现了对库存的有效控制。亚马逊公司的库存图书很少，维持库存的只有200种最受欢迎的畅销书。一般情况下，亚马逊是在顾客下了订单后，才从出版商那里进货。购书者以信用卡向亚马逊公司支付书款，而亚马逊却在图书售出46天后才向出版商付款，这就使得它的资金周转比传统书店要顺畅得多。由于保持了低库存，亚马逊的库存周转速度很快，并且从2001年以来越来越快。2002年第三季度库存平均周转次数达到19.4次，而世界第一大零售企业沃尔玛的库存周转次数也不过7次左右。

（3）降低退货

虽然亚马逊经营的商品种类很多，但由于对商品品种选择适当，价格合理，商品质量和配送服务等能满足顾客需要，所以保持了很低的退货比率。传统书店的退货率一般为25%，高的可达40%，而亚马逊的退货率只有0.25%，远远低于传统的零售书店。极低的退货率不仅减少了企业的退货成本，也保持了较高的顾客服务水平并取得良好的商业信誉。

（4）减少送货成本

在送货中亚马逊采取一种被称为“邮政注入”的方法来减少送货成本。所谓邮政注入，就是使用自己的货车或由独立的承运人将整卡车的订购商品从亚马逊的仓库送到当地邮局的库房，再由邮局向顾客送货。这样就可以免除邮局对商品的处理程序和步骤，为邮局发送商品提供便利条件，也为自己节省了资金。据一家与亚马逊合作的送货公司估计，靠此种邮政注入方式节省的资金相当于头等邮件普通价格的5%~17%，十分可观。

（5）配送中心

亚马逊的配送中心按商品类别设立，不同的商品由不同的配送中心进行配送。这样做有利于提高配送中心的专业化作业程度，使作业组织简单化、规范化，既能提高配送中心作业的效率，又可降低配送中心的管理和运转费用。

（6）扩大运输批量

当顾客在亚马逊的网站上确认订单后，就可以立即看到亚马逊销售系统根据顾客所订商品发出的是否有现货，以及选择的运送方式、估计的发货日期和送货日期等信息。如前所述，亚马逊根据商品类别建立不同配送中心，所以顾客订购的不同商品是从位于美国不同地点的不同的配送中心发出的。由于亚马逊的配送中心只保持少量的库存，所以在接到顾客订单后，亚马逊需要查询配送中心的库存，如果配送中心没有现货，就要向供货商订货。因此会造成同一张订单上商品有的可以立即发货，有的则需要等待。为了节省顾客等待的时间，亚马逊建议顾客在订货时不要将需要等待的商品和有现货的商品放在同一张订单中。这样在发运时，承运人就可以将来自不同顾客、相同类别，而且配送中心也有现货的商品配装在同一货车内发运，从而缩短顾客订货后的等待时间，也扩大了运输批量，提高运输效率，降低运输成本。

（7）发货条款

完善的发货条款、灵活多样的送货方式及精确合理的收费标准体现出亚马逊配送管理的科学化与规范化。

亚马逊的发货条款非常完善，在其网站上，顾客可以得到以下信息：

拍卖商品的发运、送货时间的估算、免费的超级节约发运、店内拣货、需要特殊装卸和搬运的商品、包装物的回收、发运的特殊要求、发运费率、发运限制、订货跟踪等。

（8）送货方式

亚马逊为顾客提供了多种可供选择的送货方式和送货期限。在送货方式上有以陆运和海运为基本运输方式的“标准送货”，也有空运方式。送货期限上，根据目的地是国内还是国外的不同，以及所订的商品是否有现货而采用标准送货、2 日送货和 1 日送货等。根据送货方式和送货期限及商品种类的不同，采取不同的收费标准，有按固定费率收取的批次费，也有按件数收取的件数费，亦有按重量收取的费用。

二、注册购买

第一步：点击 http：//www. amazon. com 进入亚马逊官网首页（图 2-1）。点击“Hello，sign in”注册账户：

图 2－1

第二步：进入注册页面（图 2－2），填写 Email 地址，并点击选择“I am a new customer”，然后点击“Sign in using our secure server”继续。

图 2－2

第三步：按图 2 – 3 所示补充完整注册信息后，点击“Create your Amazon Account”，你的账户便建立好了。

图 2 – 3

第四步：现在可以选购商品了。可以在中间空白条输入关键词，比如要买宝宝牙胶，就输入“teether”搜索（图 2-4）。

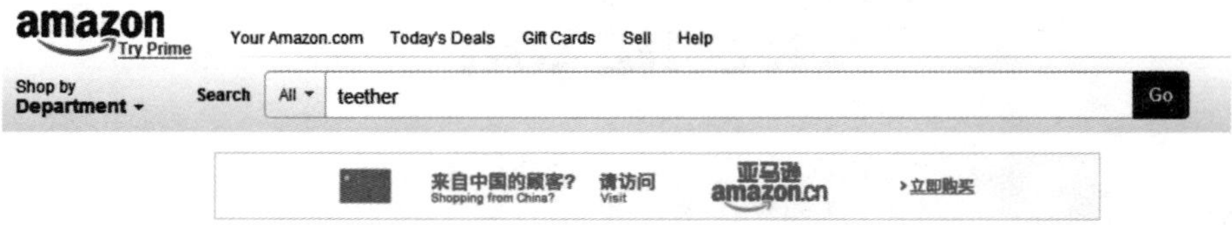

图 2-4

有关产品便搜索出来了（图 2-5），可以点击商品名称进入查看详情。

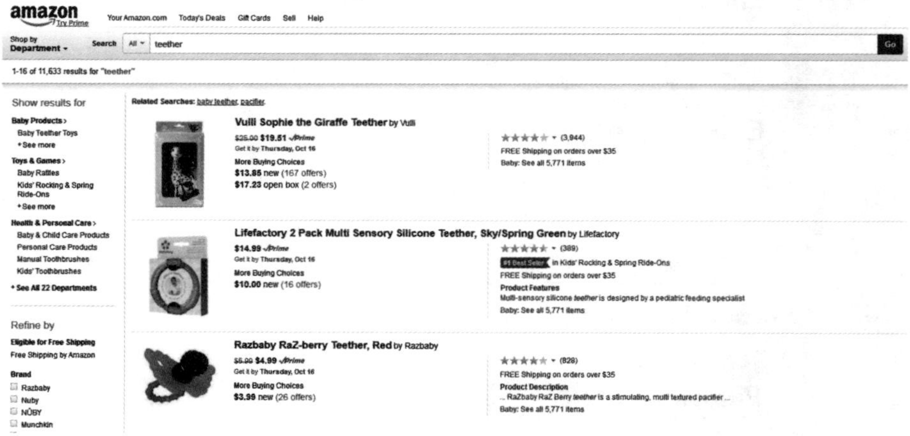

图 2-5

第五步：比如点击第三个商品，进入商品详情页面，假如看中了，就点“Add to cart”加入购物车。商品页面请注意：（1）价格旁边是否写有“free super saving shipping”，写了这个的表示购物满 25 美元，运输美国境内可以免运费；（2）是否有写“Ships from and sold by Amazon. com”，写有这个标识的为美国亚马逊自营商品，商品质量比较有保障（图 2-6）。

图 2－6

第六步：继续选商品，选完了以后，就点击“Proceed to Checkout”去结账了。当然结账前还要填写地址和信用卡信息。

第七步：页面跳转至地址填写页面，请按照转运公司地址对应填写地址，可复制过来，并点击“Continue”继续。

进入以下页面，选择运输方式，选择的商品倘若都符合“super saving shipping”并总金额超过 25 美元的话，就可以选择“free super saver shipping”，即免费运输。然后选“Group my items into as few shipments as possible”，点击“Continue”继续（图 2－7）。

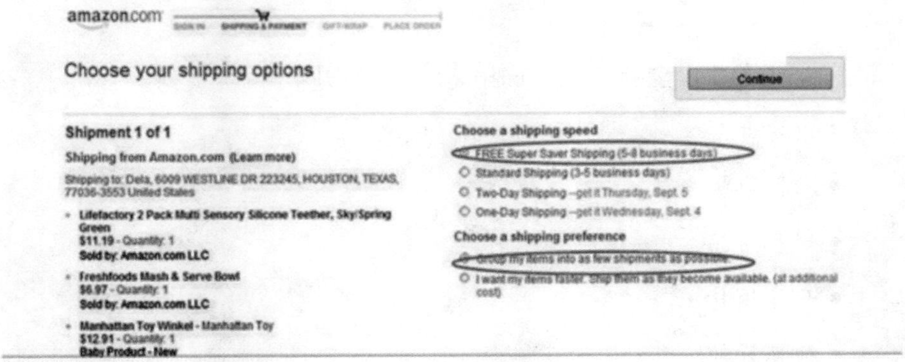

图 2－7

第八步：下面就进入了信用卡填写页面，信用卡一般有 visa 或 master 标识就行。填入卡号，持卡人姓名（须同卡片上一致），以及有效期便可。

第九步：点击“Place your order”，就确认下单了（图 2－8）。

图 2－8

三、在亚马逊开店

在亚马逊开设全球店铺，简单来说，分为以下 5 个步骤：

- 申请开店
- 准备数据
- 刊登商品
- 开始销售
- 结算货款

1. 申请开店

在亚马逊开店，需要直接与亚马逊工作人员申请，以下链接是申请页面：

http：//services. amazon. com/contact/gs – contactus – cn. htm？ ld = AZCNSOAGW – Sell

申请流程见图2－9：

亚马逊全球开店申请流程说明				
步骤	名称	要求	提交文档	状态
1	参加亚马逊全球开店在线招商会	请通过我们的在线会议邀请邮件参加招商会，了解我们的申请要求。		
2	贵司基本信息确认	请按照附件《公司信息》以及《公司审核材料(务必请提供纸本扫描文件)》要求，回复我邮件来更新贵司的申请记录	《公司信息》 《公司审核材料(务必请提供纸本扫描文件)》	
3	品牌以及商标信息	1.自由品牌的卖家，请按照附件《品牌申请》提交以下数据以便我们帮您注册品牌并申请免去UPC。	《品牌申请》	
		2.非自有品牌的卖家，请提交品牌持有者给您的授权，必须形成完整的授权。	原厂授权证明	
		3.没有品牌的卖家，刊登商品必须以Generic作为品牌名称刊登。		
4	签署英国卖家协定	如果您同时申请了英国站，请签署附件卖家协议扫描后发送给我。 如何签协议，请查看《How to Sign UK Seller Agreement》。	《UK CN - International Seller Agreement》	
以上信息，请于收到邮件后两天内发送给我。				
5	提交50款商品进行初审	请您在附件中的《HL-产品信息收集表-Sample Data File》中至少填写500个SKU，提交给我初审。 *暂时不需要填写UPC。	《HL-产品信息收集表-Sample Data File》	
		资料准备培训视频如下：		
		商品信息质量－电子产品及其他：		
		http://v.youku.com/v_show/id_XNjcwNDEzOTEy.html		
		商品详细页面讲解－控制商品数据质量：		
		http://v.youku.com/v_show/id_XNjcwMDkxOTQ4.html		
		*请务必确认您完成培训视频		
		周一、三、五在线培训，培训地址为： https://kaidian.webex.com.cn/kaidian/onstage/g.php?t=a&d=515353462		
6	申请美国、英国当地的银行账号	请您通过World First或Payoneer，申请美国或英国的银行账号。 请参考附件银行申请相关信息。		

图2－9

同时，需要申请WorldFirst或者Payoneer来作为美国或英国的当地银行账号。联系方式：accountopening@worldfirst. com，china@payoneer. com。

2. 准备数据

在亚马逊上销售，是通过亚马逊的后台统一导入数据的，并非类似淘宝在页面上就可以进行编辑。成功申请开店之后，PM 会发送相关的模板，在初审商品通过之后，就可以自由地通过模板上传商品了。在 PM 发送给您的上传商品范本中，对每一个项目都有详细的注解。

值得注意的是：

（1）除部分特殊商品外，亚马逊都要求提供产品的 UPC/EAN/GTIN 代码，如商品并没有此类代码，可登录 www. barcodestalk. com 购买。

（2）图片要求：

- 纯白色背景
- 彩色图片，不接受黑白
- 尺寸 1001 pix × 1001 pix 以上
- 产品大小占图片尺寸的 80% 以上
- 主图片不能包含配件
- 不能有水印、logo、文字及促销信息
- 图片需要上传图片服务器

主图示例（图 2 – 10）：

图 2－10

3. 刊登商品

进入亚马逊后台，点击 inventory，然后 add product via upload，点击 download template，下载要上传的类目的模板，按要求填写完在 Upload inventory files 里面选中 inventory files for non－media categories，然后上传。

第一次上传商品将会由亚马逊的 PM 协助，之后就可以按照自助流程完成产品刊登。

4. **开始销售**

（1）费用

亚马逊的费用组成为基本费和成交费，只要在亚马逊开店，就需要交纳每月的月租费用，其余则按照成交金额来收费。

美国站基本费用40美金每月每店，成交费大部分分类为15%左右，详细费用清单可查询以下链接：http：//services. amazon. com/selling/pricing. htm？ ld = AZFSSOAAS。

英国站基本费用为25英镑每月每店，成交费大部分分类也为15%左右，详细费用清单可查询以下链接：http：//services. amazon. co. uk/services/sell – online/pricing. html。

（2）物流

两种物流方式供选择：

跨境直发：大陆地区发货到美国和英国可直接使用中国邮政E邮宝，价格在120元每公斤左右。当然，其他物流方式也是可以的，但必须保证一定的速度。

亚马逊FBA：产品先行发送至亚马逊仓库，入库销售。

（3）对比

表2－1　跨境物流与海外仓储对比分析

	跨境物流	海外仓储
费用	固定	波动，周转快则较低
客户体验	差	好
库存风险	低	高
流量	难以申请	可得到PM协助

亚马逊FBA详细信息：

亚马逊提供成熟的卖家平台系统和当地仓储物流服务（Fulfillment By Amazon，亚马逊物流）。卖家只需将商品发送到当地的亚马逊运营中心，在英、美当地的配送、物流、退换货等客服处理，将会由亚马逊处理。

表 2－2　亚马逊仓储物流服务（FBA）收费标准

	货币	平台费及佣金	FBA 费用明细			
		Monthly Fee Revenue Share	Storeage fee（Per M^3 Per Month）	Order Handling	Pick& Pack	Fee per KG
Standard－Size	USD 美国	$ 39. 99	$ 16. 96	$ 1	$ 1. 02	$ 0. 86
	GBP 英国	£ 25. 00	£ 10. 59	£ 0	£ 0. 8	$ 1. 34＋£ 0. 3/kg
Over－size	USD 美国	$ 39. 99	$ 16. 96	$ 0	$ 4. 03～10. 25	£ 0. 85＋$ 0. 86
	GBP 英国	£ 25. 00	£ 10. 59	£ 0	£ 2	£ 4. 57＋£ 0. 3/kg
Peak season US & UK storage Fee increase 33%（Peak season Oct～Dec）						

5. 结算货款

亚马逊每 14 天自动结算货款至您账户绑定的银行账户中，无须额外操作。

2－2　eBay 的微跨境做法

提起在线拍卖，人们首先想到的就是 eBay，eBay 的网络拍卖网站始建于 1995 年 9 月，其方便灵活的交易方式立即吸引了大量使用者，在此后一年多的时间里，它处理的交易量超过 20 万笔。每天 eBay 的待拍数量达 50 万件之多，分别属于从古董到体育用品再到儿童玩具 1000

个不同的物品目录。至今 eBay 在全球各地已经拥有超过一亿的注册会员。

目前，eBay 已在许多国家和地区设立了附属网站，包括澳大利亚、奥地利、比利时、加拿大、中国、法国、德国、中国香港、印度、爱尔兰、意大利、荷兰、新西兰、新加坡、西班牙、瑞典、瑞士、中国台湾地区、英国，以及美国。此外，eBay 也透过投资于韩国的 Internet Auction 以及拉丁美洲的 MercadoLibre. com，将业务拓展至此两地，为其跨境业务打下坚实基础。

eBay 的跨境 C2C 模式可谓微跨境的代表，eBay 从未限制卖家的跨境销售，并协助卖家解决金流及物流的问题。卖家可以通过 PayPal 解决金流，以及邮政体系解决物流，即使一件物品也可跨境，为所有 eBay 卖家实现微跨境。

一、eBay 发展史

eBay 这个在线交易平台的构思是怎样来的？eBay 的诞生源于一对未婚夫妇的闲谈对话。扎马尾的计算机程序设计师 Pierre Omidyar 和爱收集 PEZ 玩具糖果盒（美国一种按玩具公仔头就会弹出糖果的玩具）的女友即将步入教堂，踏入人生的新阶段。在一次闲聊中，她对 Pierre 说："如果能收藏更多 PEZ 玩具糖果盒，在网上和其他志同道合的人交流就好啦!"

为了达成未婚妻的梦想，顺便测试一下自己设计程序的水平，Pierre 腾出了睡房，利用劳动节假期建立网站，这个玩票性质的拍卖网站就这样诞生了。没想到开站后，成员数目与日俱增，最后令 eBay 一跃成为全球最大的拍卖网站。

1999 年 5 月，eBay 合并在线付款服务公司 Billpoint。该公司于 eBay

并购 PayPal 后结束营业。1999 年，eBay 合并了 Butterfield&Butterfield。该公司在 2002 年卖给了 Bonhams。

1999 年，eBay 以 4300 万元合并了 Alando。该公司后被合并在 eBay 德国之下。

2000 年 6 月，eBay 合并了 Half，并将其整合在 eBay 市集中。

2001 年 8 月，eBay 合并了 MercadoLibre、Lokau 及 iBazar 三家拉丁美洲的拍卖网站。

2002 年 2 月，eBay 以 950 万元购并台湾最大的拍卖网站 ubid（力传信息），并改成台湾 eBay。但数个月之后被并公司的高阶主管集体请辞。

2002 年 6 月，eBay 以价值 15 亿元的股票合并了 PayPal。

2003 年 7 月 11 日，eBay 以 1.5 亿元现金合并了中国最大电子商务公司 EachNet（中文名称：易趣），并推出联名拍卖网站 eBay 易趣。

2004 年 6 月 22 日，eBay 以 5000 万元及额外的现金购并印度拍卖网站 Baazee。

2004 年 8 月 13 日，eBay 自一位前 craigslist 员工取得了该公司 25% 的股权。

2004 年 9 月，eBay 将合并眼光放到其在韩国的对手 Internet Auction Co.（IAC）上，并以每股 125000 韩元（约合美金 109 元）的价格取得该公司近 300 万的股权。

2004 年 11 月，eBay 以 2.25 亿欧元购并 Marktplaats。该公司借着专注在小型广告上因而取得在荷兰的八成市场，并成为 eBay 在荷兰的主要竞争者。

2004 年 12 月 16 日，eBay 以 3000 万元现金和总值 3.85 亿元的 eBay 股票并购 Rent。

2005 年 5 月，eBay 合并 Gumtree。该公司是一家提供城市分类广告的网站。

2005 年 6 月，eBay 以 6.35 亿元并购 Shopping。该公司是一家在线比价网站。

2005 年 9 月，eBay 以 26 亿元现金及股票并购 VoIP 业者 Skype。

2006 年 6 月 5 日，eBay 与台湾 PChome Online 网络家庭宣布进行合作投资，双方将于 2006 年下半年推出联名拍卖网站。

2006 年 9 月 6 日，eBay 与台湾 PChome Online 网络家庭宣布，将在 2006 年 9 月 25 日推出联名拍卖网站“露天拍卖”。

2006 年 10 月，eBay 与台湾 PChome Online 网络家庭合资的“露天市集国际信息股份有限公司”（PChome eBay Co., Ltd.）成立，台湾 eBay 并随之关闭。

（以上币制如未注明者，皆以美金为单位。）

2006 年 12 月，eBay 宣布与中国 Tom 宣布成立合资公司，新的合资公司 Tom 占 51% 股份，eBay 占 49%，将继续易趣国内交易。另成立新公司 CBT 负责跨国交易部分的业务。

2012 年 4 月，易趣不再是 eBay 在中国的相关网站，易趣为 Tom 集团的全资子公司，易趣网站提供的各项服务均不受影响。

2012 年 9 月 6 日，eBay 宣布已收购只有 6 名员工的社交购物推荐平台 Svpply。eBay 表示，这笔收购将帮助该公司获得人才，改进在线购物平台，尤其是平台的个性化体验和营销方式。

2013 年 4 月，eBay 集团于 2013 年 4 月 17 日发布了截至 2013 年 3 月 31 日的 2013 财年第一季度财报。报告显示，eBay 第一季度净营收为 37 亿美元，较去年同期增长 14%；基于美国通用会计准则计算的净利润为 6.77 亿美元，每股摊薄收益为 0.51 美元；未基于美国通用会计准则计算的净利润为8.29亿美元，每股摊薄收益为0.63美元。

2014年2月，国际电商eBay宣布收购了计算机图像公司PhiSix。PhiSix能够根据照片、图形文件及其他来源创立3D模型，并模拟服装上身后的试穿效果。

二、eBay的微跨境做法

在eBay平台上，原来它可能只是美国人在美国的网站上进行购物，澳大利亚人在澳大利亚的网站上进行购物，而现在有20%的交易是发生在跨境电子商务上的。也就是说你人在美国、澳大利亚、英国都可以买到中国卖家的商品。或者是在香港的买家，也可以买到美国或澳大利亚的商品。所以这个跨境贸易的比例，每年正在高速增长，未来几年可能变成30%，也可能变成40%。

其实早在10年前，eBay就已经拥有大量进行跨境电子商务的卖家，当时的卖家利用线下外贸零售及在线的高额水位差，在中国内地或其他低生产成本国家备货，销售至物价较高的欧美发达国家。10年来，eBay的跨境电子商务也在不断地发展和改进，跨境电商涉及的物流、金流及诚信机制非常复杂，10年间eBay的跨境业务，一步步从销售仿冒A货转变为各国优势品牌商品。

1. eBay跨境账户的注册与购买

（1）eBay账户注册

eBay的账户全世界各eBay平台全部可以使用，所以使用者仅需在其所在国注册一个eBay账户即可。

对于大中华地区的卖家或者买家，需要登录eBay香港网站进行注册，网址为www.ebay.com.hk，并点击页面左上角的注册按钮（图2-11）：

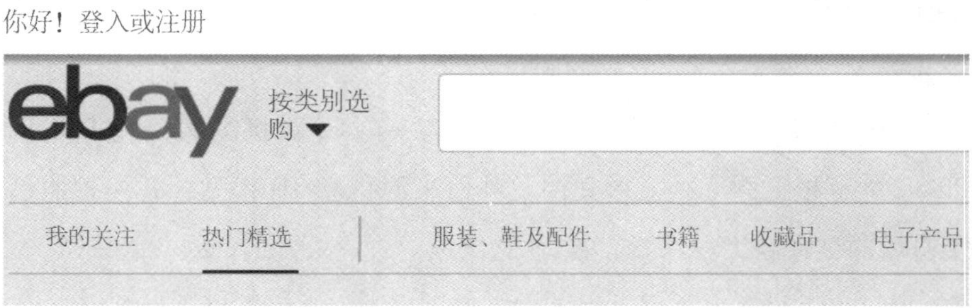

图 2－11

进入填写数据页面，按照提示填写数据即可（图 2－12）：

图 2－12

请注意，如果您是以公司名义注册账户，则在页面中点击开设商业账户，但无论哪种账户，都是可以进行购买和销售行为的，并无本质区别。

eBay 的后台会根据您填写信息的情况，自动区分您需要进行哪几步的验证程序，在接下来的注册中，可能会遇到以下几种认证：

- 信用卡认证
- 手机认证
- 邮箱认证

选择您希望通过验证的方式，并按照提示完成操作即可。

☞ 提示：如果您通过信用卡认证，eBay 可能会向您的账户进行 10 美元的预授权，并不会产生实际费用。

当完成以上步骤之后，就已经成功注册了一个全球通用的 eBay 账户。

（2）PayPal 账户注册

注册了 eBay 账户之后，您希望可以在 eBay 上进行买卖，那就必须注册一个 PayPal 资金账户，用于在 eBay 上的付款及收款。

首先打开 PayPal，网址为 www. paypal. com，在页面右上角点击注册按钮，进入注册页面（图 2－13）：

图 2－13

选择您适用的 PayPal 账户类型，仅希望购买商品的用户选择个人账户即可，想成为卖家的则需要注册为特选账户，如果是公司行为，则注册为商业账户。

以下以特选账户为例，按照要求填写您的数据（图 2－14）。

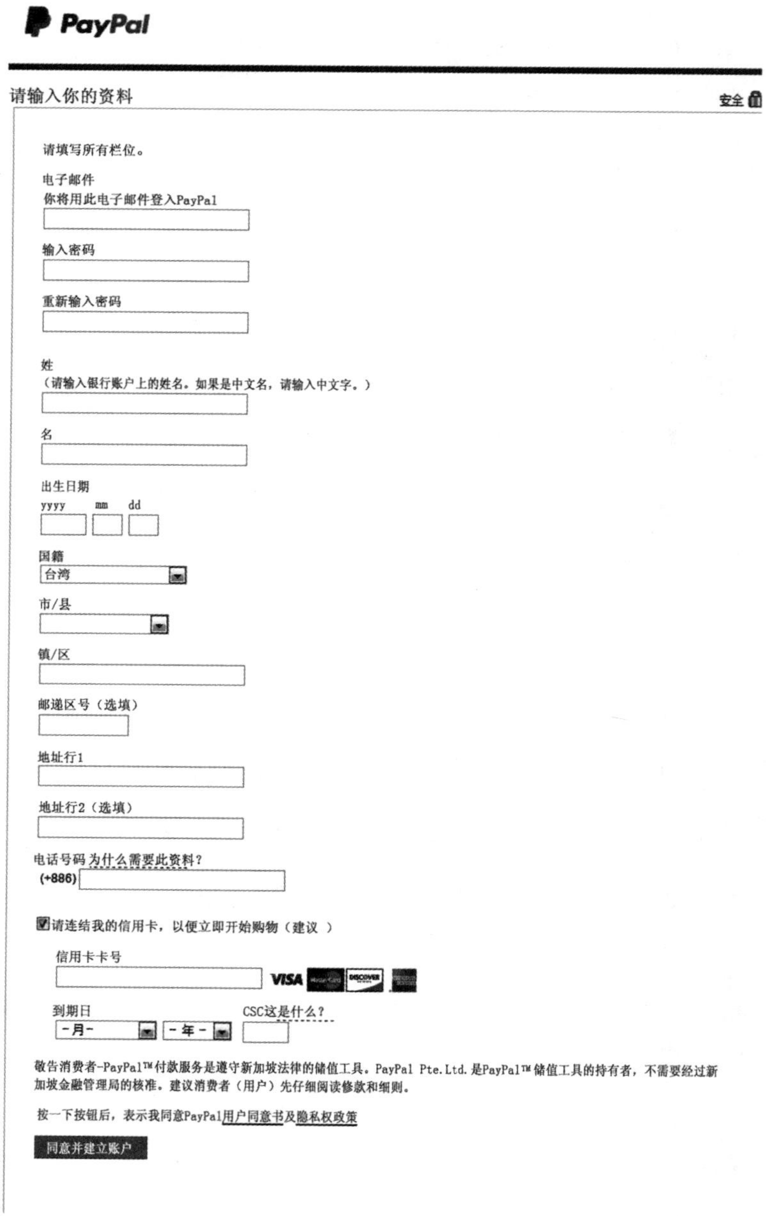

PayPal

请输入你的资料 安全

请填写所有栏位。

电子邮件
你将用此电子邮件登入PayPal

输入密码

重新输入密码

姓
（请输入银行账户上的姓名。如果是中文名，请输入中文字。）

名

出生日期
yyyy mm dd

国籍
台湾

市/县

镇/区

邮递区号（选填）

地址行1

地址行2（选填）

电话号码 为什么需要此资料？
(+886)

请连结我的信用卡，以便立即开始购物（建议 ）

信用卡卡号

VISA

到期日 CSC这是什么？
-月- -年-

敬告消费者-PayPal™付款服务是遵守新加坡法律的储值工具。PayPal Pte.Ltd.是PayPal™储值工具的持有者，不需要经过新加坡金融管理局的核准。建议消费者（用户）先仔细阅读修款和细则。

按一下按钮后，表示我同意PayPal用户同意书及隐私权政策

同意并建立账户

图 2－14

建议在该页面中直接关联信用卡，方便后续使用中不必再重复完成添加信用卡的操作，PayPal 的注册用户名就是您的邮箱，该邮箱也是您和 PayPal 沟通的主要途径。

以上 PayPal 账户就注册完成了。

（3）关联 eBay 与 PayPal 账户

在完成了 eBay 与 PayPal 账户的注册之后，需要将其关联起来之后，就可以开始买卖了。

首先登录您的 eBay 账户，在 eBay HK 首页中点击左上方登录按钮后，输入用户名及密码，登录后点击页面右上角的“我的 eBay”，也可以直接点击“我的 eBay”进入登录页面（图 2－15）。

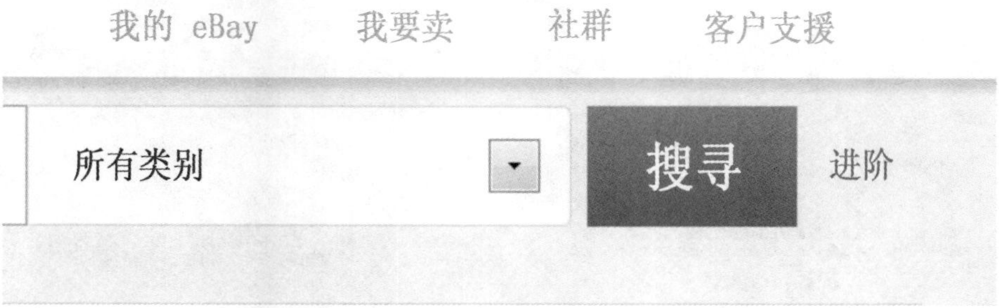

图 2－15

进入“我的 eBay”页面后，鼠标放置在“账户”按钮中，页面自动弹出下拉菜单，选择“PayPal 账户”进入 PayPal 账户设置页面（图 2－16）。

在该页面选择“连接到我的 PayPal 账户”，并根据提示完成 PayPal 账户的连接即可。也可以在此页面点击“登记”按钮注册新的 PayPal 账户（图 2－17）。

成功关联 PayPal 账户后，就成为 eBay 的跨境用户。

（4）eBay 海淘购物教程

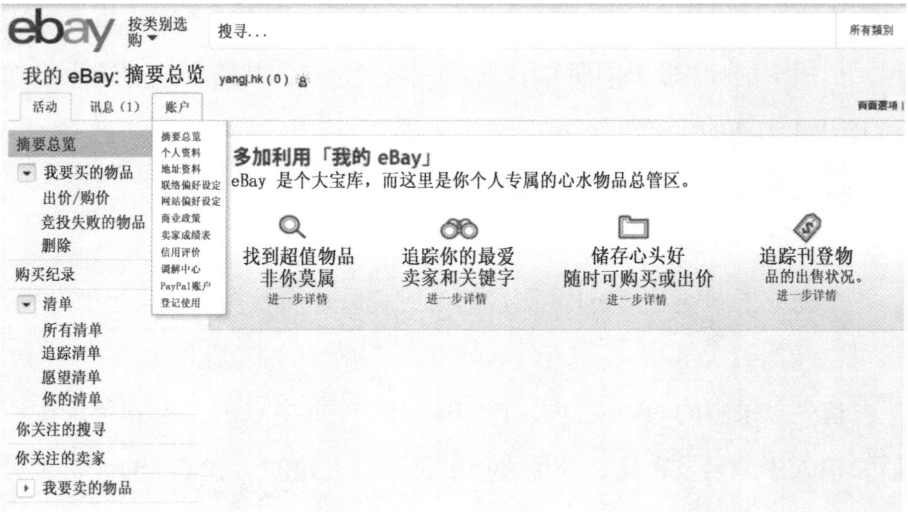

图 2－16

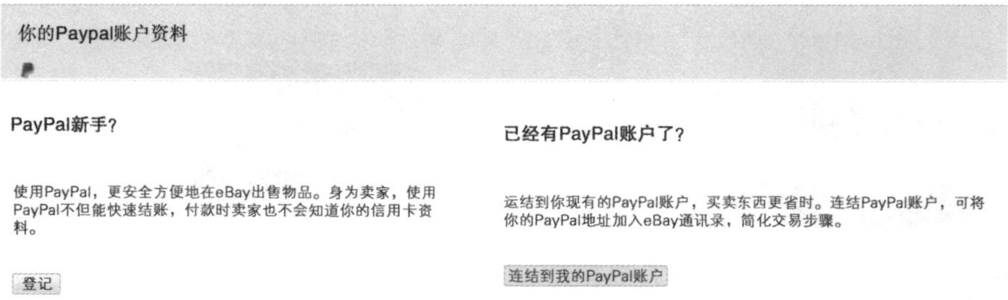

图 2－17

①完成 PayPal 和 eBay 的账户注册，绑定双币信用卡至 PayPal，并完成 eBay 和 PayPal 的绑定，打开美国 eBay 网页，点击最上方的“sign in”登录（图 2－18）。

②在搜索栏中输入要购买的物品名称（英文），这里以 ipod touch 5 为例，输入“ipod touch 5”，根据自己的需要选择好所需的内存、颜色之后，可以点击“Find Results”查找结果，需要注意的是，由于 eBay 上二手商品以及翻新品众多，所以在商品名称上要注意以下标示：New（全新）、Re-

图 2 - 18

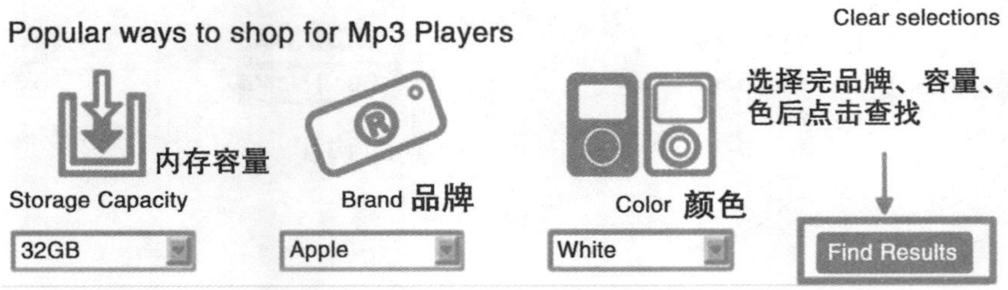

图 2 - 19

furbished（翻新）、Newother（全新）、Used（二手）（图 2 - 19）。

③用户可以自己调整商品的排序规则，一般默认排序是按照和你搜索条件的符合程度由高到低排序，你可以调整成按价格的倒序排序（图 2 - 20）。

④eBay 有两种购买方式：竞价拍卖和立即购买。搜索结果出现后，

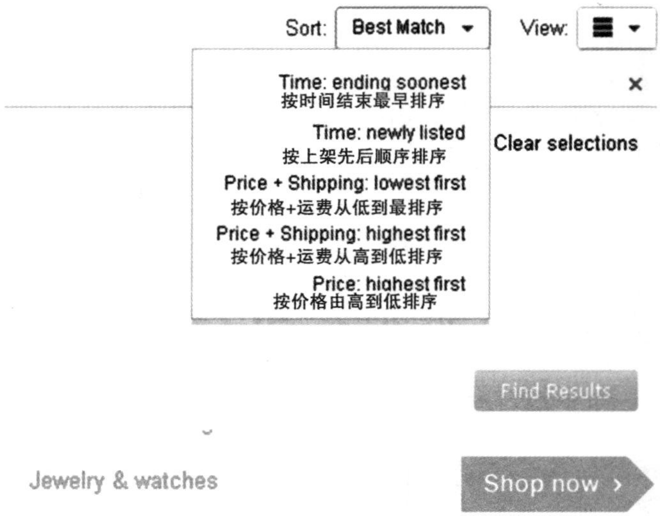

图 2－20

如果价格下方显示“＊ bid”，说明该商品是竞价拍卖；如果价格下方显示的是“Buy it now”，说明该商品是一口价（图 2－21）。

图 2－21

竞价拍卖需要使用者输入你心目中的价格参与竞价，当竞拍时间结束后，由最高价格的用户竞拍下该件商品。在输入框下方系统会提示你目前可出的最低竞拍价格，你也可以通过查看该商品已有的竞拍价，以最有利的价格拍到你最想要的商品。(图 2－22)

图 2－22

如果你想购买的商品是“Buy it now”的，只要进入商品详情页后点击“Buy it now”就可以直接进入付款页面了。(图 2－23)

⑤eBay 上的商品是否能够直邮中国，需要查看你所选中的宝贝的详情描述。一般直邮运费比较贵，建议走转运公司或者代购（图 2－24)。

⑥因为商品众多，在挑选卖家时要留意其是否为“顶级卖家”并且信誉良好（图 2－25)。

Item condition: New
Time left: 3d 15h (May 27, 2013 21:13:48 PDT)
Quantity: 1
1 available / 2 sold
直接购买
Price: US $299.00
Approximately RMB 1,834.06
Buy It Now
加入购物车
Add to cart
Add to Watch list

图 2 – 23

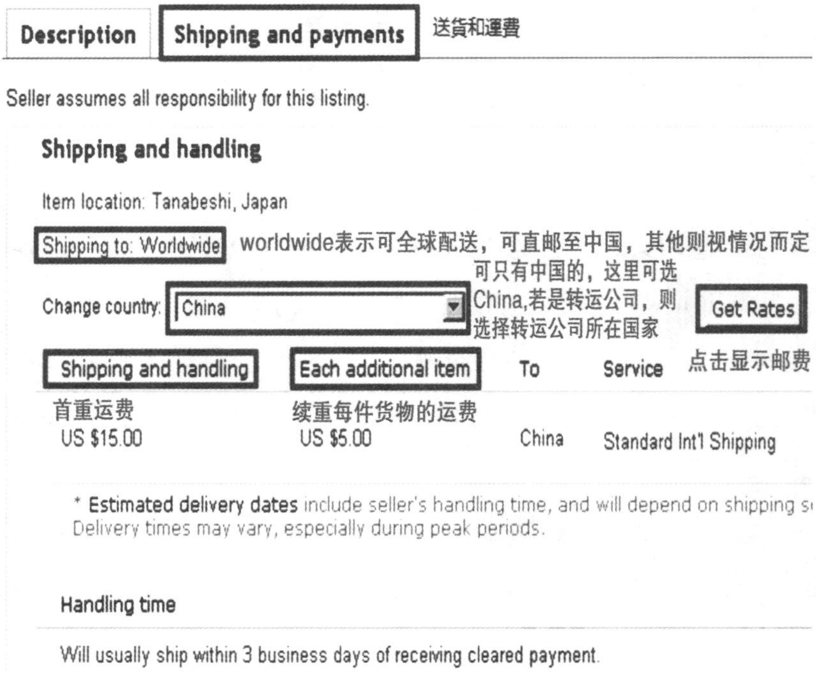
Description
Shipping and payments
送貨和運費
Seller assumes all responsibility for this listing.
Shipping and handling
Item location: Tanabeshi, Japan
Shipping to: Worldwide
worldwide表示可全球配送，可直邮至中国，其他则视情况而定
Change country:
China
可只有中国的，这里可选China,若是转运公司，则选择转运公司所在国家
Get Rates
点击显示邮费
Shipping and handling
Each additional item
To
Service
首重运费
US $15.00
续重每件货物的运费
US $5.00
China
Standard Int'l Shipping
* Estimated delivery dates include seller's handling time, and will depend on shipping s
Delivery times may vary, especially during peak periods.
Handling time
Will usually ship within 3 business days of receiving cleared payment.

图 3 – 24

图 2－25

⑦点击 Buy it now 后出现如下页面，继续点击 commit to buy，以及 continue，一直看到“Pay now”，点击看到支付页面（图 2－26）。

⑧进入订单提交页面，如果之前在 eBay 上添了收货地址，会自动填充，否则会提醒需要重填地址（图 2－27）。

下图为点击后的修改地址页面（图 2－28）：

⑨点击此处的 Continue 提交后即可进入 PayPal 支付页面。PayPal 首先会要求登录，登录后就是中文页面了。剩下的操作很简单，可以更改付款方式（比如在多张卡片中进行选择），点击 Continue 就支付成功了。

Price: US
$284.99 (Approximately RMB 1,748.13)
Shipping: To China -- US $40.50
International items may be subject to customs processing and additional charges.
Delivery estimate: Between 9 - 13 business days
Please allow additional time if international delivery is subject to customs processing.
Payment: PayPal
点此进入支付页面
Commit to buy
By clicking Commit to buy, you are agreeing to and entering into a legally binding contract to purchase the item from the seller ...

图 2－26

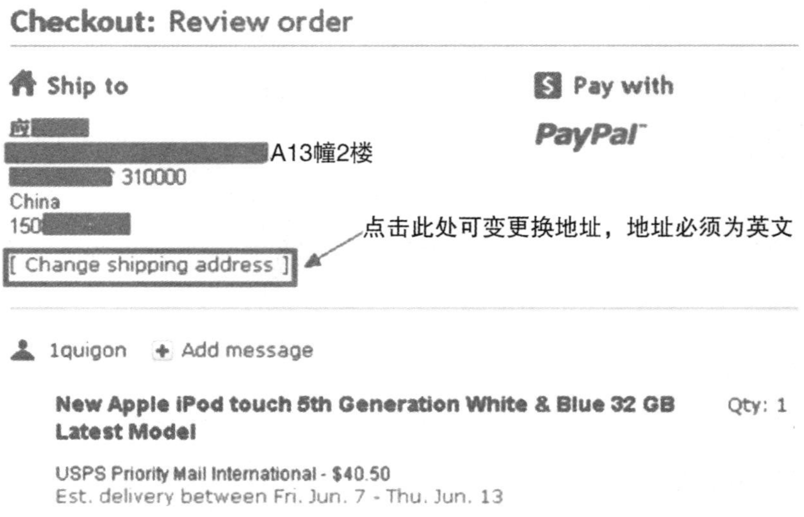
Checkout: Review order
Ship to
Pay with
PayPal
[redacted]
[redacted]A13幢2楼
[redacted] 310000
China
150[redacted]
点击此处可变更换地址，地址必须为英文
[Change shipping address]
1quigon
Add message
New Apple iPod touch 5th Generation White & Blue 32 GB Latest Model
Qty: 1
USPS Priority Mail International - $40.50
Est. delivery between Fri. Jun. 7 - Thu. Jun. 13

图 2－27

图 2－28

2. 产品的刊登及上架

eBay 在全球拥有 40 多个网站，面向海外 215 个国家的买家，理论上在任何一个网站刊登之后，仅需选择全球派送（HK 网站仅可选择派送至大中华地区），就可以让全球买家找到您的商品。但从曝光度上来讲，eBay 的搜索系统对于跨境商品是默认靠后的，因为往往其物流时间较长。所以一般我们需要直接在销售国当地的 eBay 网站刊登商品，这样可以得到更多的曝光，把产品卖向全球。同样，对于买家来说，也建议直接登录您需要购买商品的国家的 eBay 网站进行购买。

目前，eBay 美国、英国、澳大利亚都是交易量大且会员活跃的网站，也是大多数新卖家的首选网站，但如您有小语种的优势，也可以选择法国、德国、西班牙等网站进行差异化的竞争。

以下以美国网站为例，帮助大家开始简单销售：

进入 www. ebay. com，点击页面左上角的“Sign in”按钮，登录您之前注册的账户（图 2 - 29）：

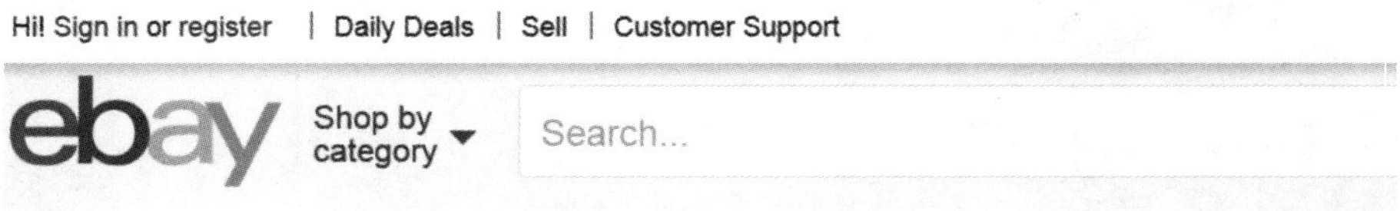

图 2 - 29

在 eBay 网站左上角，点击“Sell”，就可以直接进入销售表格。

在美国、英国、德国、澳洲 eBay 网站刊登物品，您可以使用比较适合新卖家的 Easy lister/Keep It Simple，即便捷版的出售表格，方便您更加快捷地刊登物品。

根据提示，列出售商品的关键词，然后点击“Start Selling”标签。

第一步：建立物品标题。

一个好的物品标题，往往包含了很多信息，如新旧、简单形容、颜色、款式、品牌、尺码等。

举例：New Sexy Red Beaded Full Formal Valentine Gift Dress。

关于撰写物品标题正确做法：

- 标题框最多允许输入 80 个字符，请尽量用足
- 多方参考，使用买家最可能使用的物品关键词
- 不妨参考超级卖家的物品标题
- 标题中尽量包括物品的品牌、功能及 eBay 常见术语（如全新、大小、颜色、型号）

撰写标题时应注意的几个细节：

- 勿使用容易令人误会的关键词
- 勿使用没有意义的关键词
- 描述无意义的标题。例如：Ring（Gorgeous Rings）

第二步：选择刊登类别。

选择合适的刊登类别，可以让买家容易地找到您的物品，您可以根据“Suggestion Categories”来选择物品的分类。

如果“自动分类/Suggested Categories”未匹配到您想要的分类，可以点击“浏览分类/Browse Categories”手动寻找合适的物品分类。

第三步：添加物品图片。

物品图片可大大提高说服力，直接增强买家对物品的了解和信心。目前 eBay 的添加图片功能可以让您免费上传一张商品图片。

关于添加物品图片的正确做法：

- 至少刊登一张物品图片，全方位从不同的角度展示商品
- 注意拍摄物品时光线要充足
- 添加水印，以免照片被其他用户使用
- 物品如有瑕疵、磨损或破裂，请用图片真实地显示出来

添加物品图片时应注意的几个细节：

- 尽量不要使用闪光灯
- 不要使用或设置杂乱的图片背景
- 勿在未经许可的情形下，复制其他 eBay 卖家或厂商的图片

第四步：添加物品说明与细节描述。

关于撰写物品说明的正确做法：

- 清楚列明有关物品的资料
- 说明尽量精简，该卖家的物品描述精准而简练

撰写物品说明应注意的几个细节：

- 勿列出与物品不符的资料
- 不要抄袭其他卖家或网站的物品说明
- 在未经许可的情况下，勿使用任何品牌标志
- 勿滥用五颜六色的字款，显得杂乱

第五步：设置物品刊登形式及价格。

“拍卖/auction”是最常用的出售形式，对于买家和卖家来说也是最刺激的一种出售/购买形式。在刊登拍卖物品时，您可以设置拍卖的起拍价及拍卖时间，不过这些都可以修改。但要注意的是，物品的出售形式，即“一口价”或“拍卖”形式，一旦刊登就不可以再次修改。

物品的定价技巧：

- 建议您先进行市场调查，再决定出售方式，即拍卖还是一口价
- 定价时要在吸引买家及赚取利润之间取得平衡
- 观察并了解对手的定价策略

第六步：确定收款方式。

PayPal是最方便也是最安全的跨国交易收款方式，您只需填写PayPal账号即可。

第七步：预览您刊登的商品，确认无误后即可提交。

点击“Save and preview”预览刊登页面，您可以在预览时重新回到表格修改内容。

- 预览时如果想要做出修改或编辑，可以点击“Edit listing”
- 预览没有问题以后就可以点击“List your item”提交并发布您的商品了
- 成功以后会出现发布成功祝贺页面
- 点击链接可直接进入物品的详情页面

● 点击“My eBay”，进入后台“Selling”部分“Active”标签下检查物品是否成功刊登

3. **订单处理**

您可按照以下步骤查看订单，处理订单，同时与买家保持良好的沟通。

①您可以点击“My eBay”中的 Sell 模块中的“All Selling”来查看管理自己的交易。

②“拍卖方式 / Auction - Style Listing”：如果此时有人出价，可以点击 Bids 下面的数字查看竞价详情。

③当物品拍卖结束时，该条物品信息会移至 Sold 中，最高出价者获得该物品。

以“定价方式”刊登的物品如果被买家购买，那么 Sold 中就直接增加一条销售记录。此时，买家会收到一封提示其成功竞拍/成功购买的邮件，您的注册邮箱中也会收到一封提醒您发送账单的邮件。返回 My eBay，找到 Sold 中的该成交物品，点击“Send invoice”进入账单页面。

④在账单页面中您可以给买家发送自定义留言，可以添加感谢买家付款、您的支付条款、账单说明、货运政策、退换货政策等。同时您可以根据需要（当和买方充分沟通并达成一致的时候）修改运费账单，点击“Send Invoice”即可。

⑤当买家付款后，您会看到货币符号亮起，此时您可以去 PayPal 账户确认下该笔款项，没有问题就可以开始发货了。同时，您可以给买家一个好评以示感谢，同时也可以委婉提醒买家给您留好评，比如给买家发送提醒邮件。当您发货之后，点击“Mark as shipped”，此时发货符号就会亮起。买家会收到系统发送的发货通知邮件。但您不妨亲自发

送一封已发货通知邮件，将包裹跟踪单号、发货日期等信息告知买家，感谢买家的同时提醒他这是国际运输，可能会遇海关延误，请对方给予理解。让买家体会到您的优质服务，从而给您留下好评。

⑥最后，点击“Add Note”将包裹跟踪单号，发送日期等货运信息添加进去，以备日后查询。

4. eBay 信用评价体系

电子商务的信用评价体系是 eBay 首创并逐步完善的，该体系可以说是电子商务的一个里程碑，基本解决了电子商务网站卖家的信誉问题。

电子商务的初期，不断有新买家加入网购的行列，他们的第一个问题就是，如果我先付钱了，卖家不发货怎么办？当然，现在已经没有这样的问题存在，其中，最重要的贡献就来自于信用评价体系的建立。

买家除了可以为交易过的卖家留下信用评价（正面、中立或负面），还可以通过匿名的方式为卖家留下详尽的卖家服务评级，即 Detailed Seller Ratings，简称 DSR。无论是买家还是卖家，他们只能看到详尽卖家评级的平均值，因此卖家是无法分辨具体由哪位买家留下的特定评级。eBay 自 2007 年启用 DSR 评级体系。买家在为卖家留下信用评价时，可就卖家提供的以下四方面服务留下详细的卖家服务质量评级：

- 物品描述准确性（Item as described）
- 沟通质量及响应速度（Communication）
- 物品运送时间（Shipping time）
- 运费及处理费合理性（Shipping and handling charges）

卖家服务评级由四项评分构成，这使卖家可以更直观地了解自己的服务表现。也可以让 eBay 的买家根据 DSR 评分高低挑选服务质量较好的卖家，获得更好的购物体验。卖家服务评级的评分是一个选填项，并非所有与您交易过的买家都必须留下卖家服务评级。

卖家服务评级体系以五星制为标准，五颗星为最高评级，一颗星则为最低评级，因而分值也相应地在 1~5，5 为最高分，1 为最低分。卖家服务评级分数不会影响到卖家总体的信用度。

卖家服务评级的各项评分是您收到该项 DSR 的所有分数的平均分，并以五角星的形式显示在您的信用评价档案内，星星越多越完整则代表买家对您的服务越满意。在表格的右边，Number of ratings 为您列出该项的有效评价数（图 2－30）。

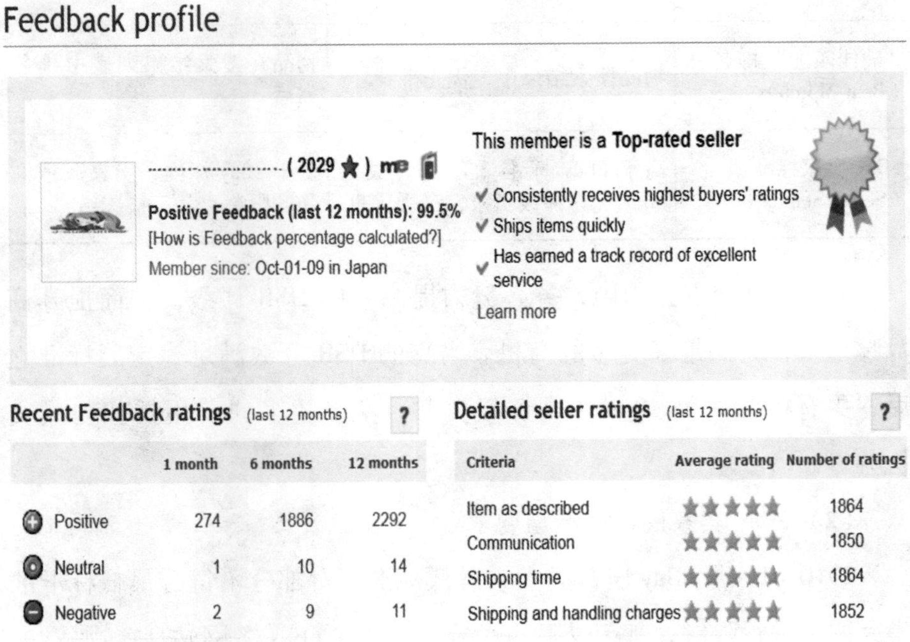

图 2－30

需要注意的是，DSR 评分代表四项独立分数，并非四项评分的加权平均数。为了使买家获得更好的购物体验，eBay 会将 DSR 评分高的卖家的物品优先推荐给买家。

（1）DSR 对卖家产生的影响

DSR 评级除了给买家在购买时提供参考依据，对于卖家来说意义更加重大。eBay 会奖励提供优质服务、DSR 分值较高的卖家，给予这类卖家更高的商品曝光度，而对于 DSR 分值低的卖家，会施与相应的惩罚。

根据以下表格来看看 DSR 分数会对 eBay 生意产生什么直接影响：

表 2－3　DSR 分数影响比较

影响因素	DSR 分数较高	DSR 分数较低
“最佳匹配”排名（Best Match）	物品搜索结果中，优先推荐	物品在搜索结果列表中排名靠后
eBay 卖家标准（Seller Standard）	高于 eBay 标准，有机会成为 eBay 优秀评级卖家，享受优惠	低于 eBay 标准，卖家账号将受到限制，甚至被冻结

所以，在交易过程中，务必努力提高您的 DSR 评级，进而提升商品曝光率，为您带来更多的商机。当您的 DSR 分数满足一定的标准之后，更有机会成为 eBay 优秀评级卖家，享受超多的费用折扣与成交机会。

（2）eBay 卖家最低标准与要求

2010 年 9 月 eBay 出台的卖家最低标准，对部分不符合最低标准的卖家账号进行限制，甚至受限的账号将不能在 eBay 各网站刊登物品。

为了帮助卖家更好地达到新 eBay 最低标准，以下表格让您快速了解各网站卖家最低标准与要求：

表2-4 低分卖家服务评级（1分，2分DSR）比率与数量要求

美国站 eBay. com	英国站 eBay. co. uk	德国站 eBay. de
美国买家给出的卖家服务评级（DSRs）分数中，1分或2分所占比例需要符合： 物品描述≤1% or3 沟通≤2% or 3 运输时间≤2% or 3 运费≤2% or 3	英国买家给出的卖家服务评级（DSRs）分数中，1分或2分所占比例需要符合： 物品描述≤1% or 3 沟通≤2% or 3 运输时间≤2% or 3 运费≤2% or 3	德国买家给出的卖家服务评级（DSRs）分数中，1分或2分所占比例需要符合： 物品描述≤1.2% or 4 沟通≤2.4% or 4 运输时间≤2.4% or 4 运费≤2.4% or 4
已开启纠纷（Opened Cases）≤1% or ≤3个	已开启纠纷（Opened Cases）≤1% or ≤3	暂无此要求
未解决纠纷（Unresolved Cases）≤0.3% or ≤2	未解决纠纷（Unresolved Cases）≤0.3% or ≤2	暂无此要求

注：（分别计算与当地买家产生的纠纷）已开启纠纷——指各网站当地买家向卖家发起的eBay买家保障和PayPal买家保障的纠纷未解决纠纷——指卖家未向买家投诉做出回应，并由eBay或PayPal判卖家输而退款的纠纷

作为卖家，应时刻关注您的信用评价、卖家服务评级以及纠纷，一旦发现买家对您的物品或服务存有不满，请立即着手改善，防止中差评、低分DSR评级以及纠纷产生。

5. eBay产品搜索排名因素及操作建议

eBay的搜索系统被命名为Best Match，即最佳匹配系统，针对买家的搜索，把最相关和最流行的物品展示给他们，Best Match为此考虑了很多指标。有些是与分类和刊登方式相关，而有些是独特的。

拍卖和定价物品会各自根据最相关的指标分别进行排序，然后在每个搜索结果页面中再混合起来向买家展示两种方式综合清单。有些关键因素与出售方式或分类无关，这包括卖家的业绩记录、价格竞争力（包括运费），以及所刊登物品与买家要找的东西的相关性。

不论何种刊登方式，让 Best Match 服务于你的操作建议：

（1）制定有竞争力的价格

物品的价格对定价物品来说很关键。对于价格来说，“设置完就不管”通常不是一个好的策略。密切关注价格对物品售出的影响，并适时做出调整以确保领先。

（2）注重买家满意度

①成为 eBay 优秀评级卖家。作为不断提供优质服务的奖励，eBay 优秀评级卖家在 Best Match 中可以为他们的定价物品获得额外的曝光率，而且区别可能很大。此外，买家可以在搜索结果上显示的你的物品旁边和物品页面上看到这个标志。

注意，优秀评级卖家身份不能保证你的物品会出现在非优秀评级卖家的更加相关或价格更低的物品前面，但是如果其他因素相同，你将会有优势。

②始终保持在 eBay 最低卖家标准之上。如果不达标，无论定价物品还是拍卖物品都会在搜索结果中降级。通过你的卖家成绩表关注你的状态并了解如何改善。

③免运费可以让你的定价物品在某些分类的搜索结果中获得提升。注意，拍卖物品不会因为免运费获得优势，但无论什么方式，免运费都可以改善你的卖家服务评级（DSRs）中的运费成绩，这是优秀评级卖家身份要求的重要因素之一。另一方面，过高的运费会让你的定价和拍卖物品在搜索中降级。

（3）撰写有效的物品标题

关联性的关键词可以让你的物品出现在感兴趣的买家面前，这也意味着更高的销量。作为一个通用的原则，请使用与物品所有相关的信息并去掉不相关的关键词：

①使用可以清晰表达你在卖什么的多个、描述性关键词。用完所有80个字符。

②包括你的物品品牌、作者或设计者。但是，也不要包括太多品牌，或者列出物品的所有可能用途。把品牌或用途放在副标题里或者分成多条物品来刊登，每一条仅包括2~3个品牌或用途。

• 设置物品细节属性。例如，如果是鞋——设置尺码、颜色和状态。

• 准确描述你的物品，哪怕你的物品标题重复了分类名称。

• 注意拼写正确。

• 省略标点符号和星号等。

• 不要使用“wow”或“look”这样不相关的词，买家不会搜索它们。

(4) 在正确的分类里刊登

在与物品最相关的分类中刊登物品。如果你在两个分类中刊登，请确保你的物品是相关的，而且在两个分类中都有可能卖出。

(5) 尽可能多地提供物品细节

使用eBay提供的或自定义的物品细节刊登你的物品功能、属性和状态。如果你的物品是新的，但你没有进行设置，买家在缩小搜索范围只寻找新物品时就看不到你的物品。

因为产品状态是eBay买家最重要的购买标准之一，请确保通过物品属性来提供准确的物品状态。

(6) 使用目录中的产品详情

产品详情可以说明你创建完整的物品描述，对于买家它更加醒目并更有吸引力。当你在物品中使用产品详情时，它们可以：

①让刊登物品更加容易而且描述更加完整。

②同时会出现在我们的产品详情页面——让买家更加容易地发现你的产品。

（7）将多条同样物品重新归纳为一条多数量的定价物品或多属性物品。

你可以在一条定价物品中刊登多件同样的物品。当你创建定价物品时，你可以为每件物品设定一口价。买家可以立即购买你的物品，而不必出价竞拍并等到拍卖结束。在你以定价方式出售多件物品时，选择较长的在线时间是合算的，比如10天，30天，或无限期在线。

如果你想在你的物品中提供多种选择，你可以创建一条多属性物品，比如不同尺码或颜色的T恤。多属性物品只能是定价物品。刊登多属性物品的好处：

①你不必为每件物品分别创建一条物品信息，这可以节省时间和费用。

②买家可以方便地选择一件或多件同类物品，而不必一直在很多搜索结果中不停滚动。

③你可以跟踪每种物品的库存以确保不会缺货。

6. eBay/PayPal 的收费及提现

eBay的收费主要分为刊登费及成交费，顾名思义，刊登费是在您成功刊登物品后就收取的费用，成交费则是在产品成功售出后收取的费用。

PayPal则针对您每一笔交易，都会按照比例收取一定的费用，PayPal的提现则根据提现方式收取一部分费用。

（1）eBay的基本费用

以美国网站费用为例，当您在eBay美国站刊登物品时，eBay会向您收取一定比例的刊登费；物品售出后，需缴付小额比例的成交费。因此，在 eBay 进行销售所产生的基本费用即为刊登费加上成交费。根据您选择的物品刊登形式的不同——拍卖方式还是一口价方式，产生的费用也会有所区别。此外，您还可以为物品添加一些特殊功能，但需缴付相应的功能费；您也可以开设美国站店铺来出售物品。PayPal 费用会单独通过 PayPal 来收取。

表 2－5　非店铺卖家标准费用收费（所有费用以美元计）

以拍卖方式或固定价格刊登物品	
拍卖物品的刊登费/Insertion Fee	
免费刊登	超出每月免费刊登部分
每月 50 条免费的物品刊登	30 ¢
成交费/Final Value Fee	
最终成交价/Final sale price	费用
物品未售出	不收费
物品售出	10%（封顶 $250，其他分类中基于成交价格收取一定的比例；符合“优秀评级 +”标准的物品可享受 20% 成交费折扣）

表 2－6　店铺卖家标准费用（所有费用以美元计）

美国站店铺卖家费用/Fees for eBay Store Sellers		
店铺月租费（自动续租）/ Store subscription fees		
店铺级别/Store Level	费用	费用（订阅店铺一年）
基础店铺/Basic	$ 19.95/月	$ 15.95/月
高级店铺/Premium	$ 59.95/月	$ 49.95/月
超级店铺/Anchor	$ 199.95/月	$ 179.95/月

续表

店铺物品刊登费
（如刊登在 Books，DVDs & Movies，Music & Video Games 分类，固定价格的物品刊登费仅为 5 ¢）

拍卖方式刊登费/Insertion Fee for Stores		
	免费刊登	费用
基础店铺	每月 150 条免费的物品刊登	25 ¢
高级店铺	每月 500 条免费的物品刊登	15 ¢
超级店铺	每月 2500 条免费的物品刊登	10 ¢
固定价格的刊登费/Insertion Fee for Stores		
免费刊登	费用	
基础店铺	每月 150 条免费的物品刊登	20 ¢
高级店铺	每月 500 条免费的物品刊登	10 ¢
超级店铺	每月 2500 条免费的物品刊登	5 ¢

店铺物品成交费/Final Value Fee for Stores
（封顶 $ 250，其他分类中基于成交价格收取一定的比例，符合“优秀评级 +”标准的物品可享受 20% 成交费折扣）

Computers/Tablets& Networking，Video Game Consoles	4%
Consumer Electronics and Cameras & Photos	6%
Musical Instruments & Gear Coins & Paper Money	7%
Motors Parts &Accessories	8%
Clothing，Shoes& Accessories，Collectibles，Home & Garden，Camera & Photo Accessories，Cell Phone Accessories，All Other Categories	9%

（2）PayPal 的基本费用

注册 PayPal 是完全免费的，并且 PayPal 不设任何月租费或最低消费限额。PayPal 仅在发生交易时按照交易类型收取相关费用。

表 2－7　跨国商业交易

<table>
<tr><td colspan="4">跨国商业交易：注册在不同居住国或地区的 PayPal 使用者进行包括购买、销售商品或服务的交易</td></tr>
<tr><td>买家</td><td colspan="3">卖家</td></tr>
<tr><td rowspan="7">免费
（不涉及币种兑换时）</td><td>标准费率</td><td colspan="2">3.9% ＋固定费用（每笔）</td></tr>
<tr><td rowspan="5">优惠费率</td><td colspan="2">优惠费率的资格依据上月销售额以及信誉情况确定。只需办理一次申请手续。</td></tr>
<tr><td>交易费率</td><td>上月销售额</td></tr>
<tr><td>3.4% ＋固定费用</td><td>$3000.01 ~ $10000.00</td></tr>
<tr><td>3.2% ＋固定费用</td><td>$10000.01 ~ $100000.00</td></tr>
<tr><td>2.9% ＋固定费用</td><td>$100000.01 及以上</td></tr>
<tr><td>固定费用</td><td colspan="2">此费用根据所接收的币种不同而有所不同，见下表：
美元：$ 0.30 USD
英镑：£ 0.20 GBP
澳元：$ 0.30 AUD
加元：$ 0.30 CAD
欧元：0.35 EUR</td></tr>
</table>

其他费用

<table>
<tr><td>个人付款费用</td><td>“个人付款（personal payment）”，是指仅用于个人用途的，非商业往来用户间的付款。
1. 中国国际账户间无手续费；
2. 中国国际账户对他国账户付款，以接受国“个人付款”费率为准；
3. 如付款全部或部分使用信用卡为支付来源，则费率与“商业交易”一样。

注：a. 付款人选择费用由自己或收款方承担；b. 各国“个人付款”费率：加拿大、澳大利亚、美国－1%；德国－2%；世界其他国家与地区－0.5%。</td></tr>
</table>

续表

其他费用	
集中付款费用	“集中付款”是同时向多个使用者发送付款的服务；费用由付款方承担。 1. 中国国际账户间付款：每笔2%，1美元封顶 2. 中国国际账户对他国账户付款：每笔2%，1美元封顶 注：a. 集中付款能限高级或企业账户；b. 封顶标准根据币种不同有略微差别，美元之外的费率请参考《收费规则》中的“通过‘集中付款’方式付款”。
小额付款费用	“小额付款”适用于进行小额交易（数额一般低于10美金）的商家。用户申请“小额付款”账户后，PayPal将按照新费率收取交易费用。 1. 国内付款：5% +0.05美金 2. 跨国付款：6% +0.05美金 注：您需要在https：//micropayments. paypal - labs. com/申请小额付款费率账户。成功申请后，所有的交易将根据上述费率收费。
货币兑换手续费	不同货币间兑换费率为2.50%每笔 注：多种货币兑换的特定汇率将在交易时显示
提现费	1. 电汇到您在中国内地的银行账户，每笔收取 $35.00 2. 提现到中国香港银行账户： 提现额 > =1000.00 HKD – 免费 提现额 <1000.00 HKD – 每笔收取 $ 3.5 HKD 3. 邮寄支票进行提现：每笔收取 $ 5.00 USD 4. 提现到美国银行账户：免费
信用卡退单费	视信用卡退单的币种而定，约为 $ 20.00 USD 注：若交易受到PayPal【卖家保护政策】的保障，则无须支付此费用
信用卡认证费	$1.95 USD 注：这笔款项将在您成功完成信用卡认证后退还至您的PayPal账户余额内

7. **物流配送**

跨国物流是 eBay 外贸中的一个关键环节，如何选择合适的物流方式是一门学问。跨国货运的方式有多种，关键在于如何选择方便买家，也适合自己的货运方式。eBay 平台对卖家的货运服务有严格要求，对于卖家来说需要以下面的原则选择适合自己的货运方式。

第一原则：物品需在买家期望的运送时间内送达（通常来说买家期望值随着物品价格升高而提高，如果买家可在当地购得相同商品时，买家期望值也会较高）。

第二原则：尽量使用可以让买家随时了解物品运送状态的物流方式。

第三原则：在确保不违反第一、第二原则的前提下选择性价比更高的物流方式。

目前 eBay 常用的物流方式是通过邮政体系，通过邮关处理的跨境包裹，常见的有中国邮政小包、香港邮政小包、新加坡邮政小包、比利时邮政小包、中国邮政 e 邮宝等，卖家可以选择一些代理商拿到较低的运费折扣，如 4PX 递四方、出口易、三态物流、万色速递等 eBay 推荐的合作物流商。

如卖家有一定的实力，则建议直接使用海外仓储服务。把货提前备在海外，大大加快物流速度并降低运费成本。

由于各种物流方式价格差异较大，此处不再一一罗列，仅以目前与 eBay 合作最佳的中国邮政 e 邮宝为例，做简单剖析：

国际 e 邮宝是中国邮政为适应国际电子商务寄递市场的需要，为中国寄件人推出的全新国际邮递产品。该业务将致力于为 eBay 中国寄件人提供发向美国、澳洲等地的包裹寄递服务。

卖家可以通过 www. eBay. cn 网站提供的专用寄递工具（http：//

shippingtool. ebay. cn/），自动同步销售数据，方便管理、下载，和打印包含收寄件人地址包裹单及报关单据。中国邮政会委派专员上门揽收货件，包裹上网后会与 eBay 数据库系统对接，并提供包裹追踪信息查询服务。eBay 买家也可以到邮政指定网点自送投递。

国际 e 邮宝在国内段使用 EMS 网络进行发运；出口至美国后，美国邮政将通过其国内一类函件网（First Class）投递邮件。通关采用国际领先的 EMI 电子报关系统，保障包裹迅速准确地运抵目的地。（一般情况下 7～10 个工作日完成妥投）发往美国的国际 e 邮宝资费将按分区的收费标准执行，具体分区城市和资费如下：

一区资费城市：

北京、天津、重庆、上海

山东：青岛、济南、德州、菏泽、东营、烟台、潍坊、威海、临沂、莱芜、滨州、聊城、日照、泰安、济宁、淄博、枣庄。

江苏：泰州、南京、苏州、徐州、宿迁、盐城、南通、无锡、常州、扬州、连云港、镇江、淮安。

浙江：杭州、宁波、义乌、温州、嘉兴、金华、湖州、台州、丽水、绍兴、衢州、舟山。

福建：福州、漳州、厦门、莆田、泉州、南平、宁德、三明、龙岩。

湖南：长沙、株洲、郴州。

四川：成都、自贡、德阳、绵阳、乐山、泸州、遂宁、内江、眉山、宜宾、达州、资阳。

湖北：武汉、咸宁、荆州、孝感、十堰、黄石、宜昌、襄阳、鄂州、荆门、黄冈、随州、恩施。

辽宁：沈阳、大连、鞍山、抚顺、本溪、丹东、锦州、营口、阜新、辽阳、盘锦、铁岭、朝阳、葫芦岛。

河北：石家庄、衡水、潍坊、沧州、秦皇岛、保定、邯郸、张家口、唐山、承德、邢台。

河南：郑州、洛阳、驻马店、南阳、开封、平顶山、商丘、安阳、鹤壁、焦作、濮阳、漯河、三门峡、周口、信阳、济源、许昌、新乡。

安徽：合肥、芜湖、蚌埠、安庆、黄山、阜阳、宿州、滁州、六安。

陕西：西安、咸阳、宝鸡。

广东：佛山、广州、深圳、茂名市、东莞、中山、江门市、惠州市、阳江、清远、珠海、汕头、湛江、肇庆、梅州、汕尾、河源、潮州、揭阳、云浮。

江西：南昌。

山西：太原。

云南：昆明。

表 2－8　一区资费

处理费/件	7 元/件	
包裹运费/克	¥0.08 元/克（起重 60 克）	
上门揽收费/次	少于 5 件	5 件及以上
	¥5.00	免收
挂号费/件	免	
退还费/件	免	

运费速算表（2013 年 1 月 1 日起生效）

重量（g）	价格	重量（g）	价格	重量（g）	价格
1	¥11.80	110	¥15.80	300	¥31.00
60	¥11.80	120	¥16.60	400	¥39.00

续表

运费速算表（2013 年 1 月 1 日起生效）					
重量（g）	价格	重量（g）	价格	重量（g）	价格
61	¥11.88	130	¥17.40	500	¥47.00
80	¥13.40	140	¥18.20	1000	¥87.00
90	¥14.20	150	¥19.00	1500	¥127.00
100	¥15.00	250	¥27.00	2000	¥167.00

二区资费城市：

黑龙江：哈尔滨。

吉林：长春。

内蒙古：呼和浩特。

宁夏：银川。

甘肃：兰州。

青海：西宁。

贵州：贵阳。

广西：南宁。

海南：海口。

表 2－9　二区资费

处理费/件	9 元/件	
包裹运费/克	¥0.09 元/克（起重 60 克）	
上门揽收费/次	少于 5 件	5 件及以上
	¥5.00	免收
挂号费/件	免	
退还费/件	免	

续表

运费速算表（2013 年 6 月 27 日起生效）					
重量（g）	价格	重量（g）	价格	重量（g）	价格
10	￥14.40	110	￥18.90	300	￥36.00
60	￥14.40	120	￥19.80	400	￥45.00
61	￥14.49	130	￥20.70	500	￥54.00
80	￥16.20	140	￥21.60	1000	￥99.00
90	￥17.10	150	￥22.50	1500	￥144.00
100	￥18.00	250	￥31.50	2000	￥189.00

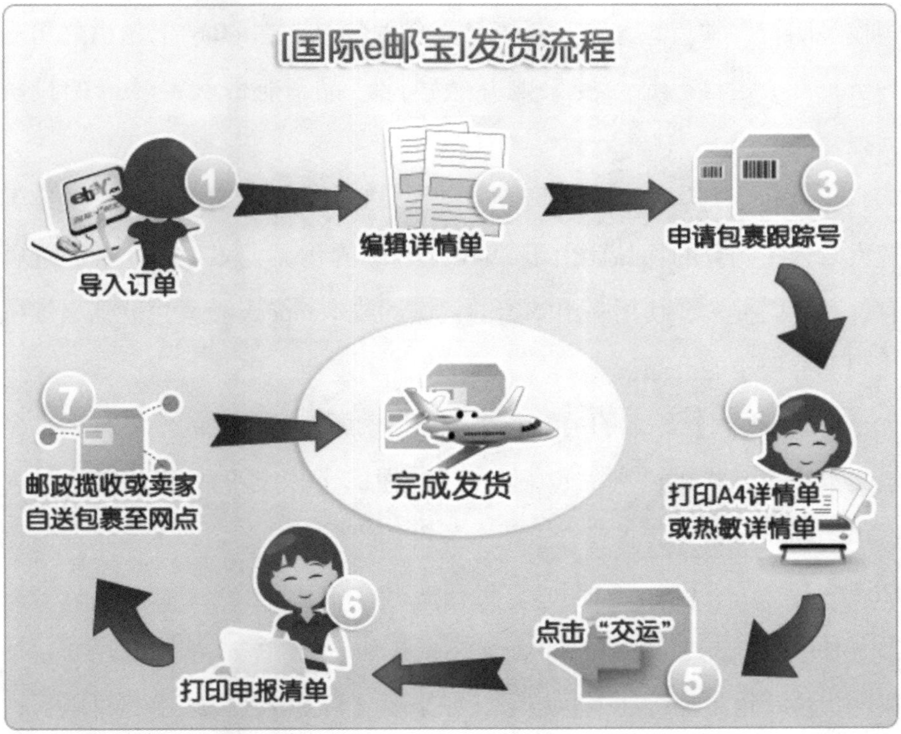

图 2-31 使用流程图

8. eBay **市场调研工具——**Terapeak

Terapeak 是目前 eBay 官方指定的资料分析工具，它可协助卖家评估现有市场内的活动、趋势的季节性以及预测自己产品的最优售价。Terapeak 调研回答了诸如以下的问题：

①市场上目前有多少相似的物品？

②我的物品的卖出率/百分比可能是多少？

③我的物品的均价是多少？

④本周在 eBay 上出售此物品的价值是多少？

在开始通过 eBay 销售或进新货之前，先了解现有市场需求和市场规模是明智之举。您可能还希望考虑您的物品，在 eBay 上售出的历史均价，并决定自己是否要采购并销售此产品，能否获得较好的投资回报。

eBay 每天都有数百万刊登物品结束。Terapeak 让您能够通过关键词搜索来查看刊登的物品。由于 eBay 上刊登的物品太多，因此务必进行有针对性的搜索，使用一组特定的关键词或 Terapeak 搜索过滤器来准确找到您要搜索的产品。

Terapeak 根据输入的关键词搜索来搜索所有已结束的物品标题。某些文本快捷方式可以进一步缩小搜索范围。把关键词一起放在引号内（如“iPod Nano”），将包含这两个关键词的搜索结果。在关键词前面添加连字符（如 - case，- skin），可在搜索时排除这些关键词。不只是搜索一种产品（如“黑色鞋），而是尝试将鞋子的品牌、款式或尺寸包括在内，可获得更准确的搜索结果。如果要搜索更笼统的产品，可以通过设置价格参数来过滤搜索结果。例如，在搜索“Apple iPhone”时，使用“价格范围过滤器”来将要搜索的物品价格范围限制在 $200 ~ $600。这样，可以将大多数配件和较小的物品排除在搜索范围以外，从而获得该物品更为准确的价格和刊登结果。

还可以使用“分类”下拉菜单来进行更精确的搜索。此菜单让您能够选择进行搜索的特定分类和子分类。在选择分类和子分类时，它们会出现在屏幕顶部。点击分类名称，就可以随时返回上一级分类（图 2－32）。

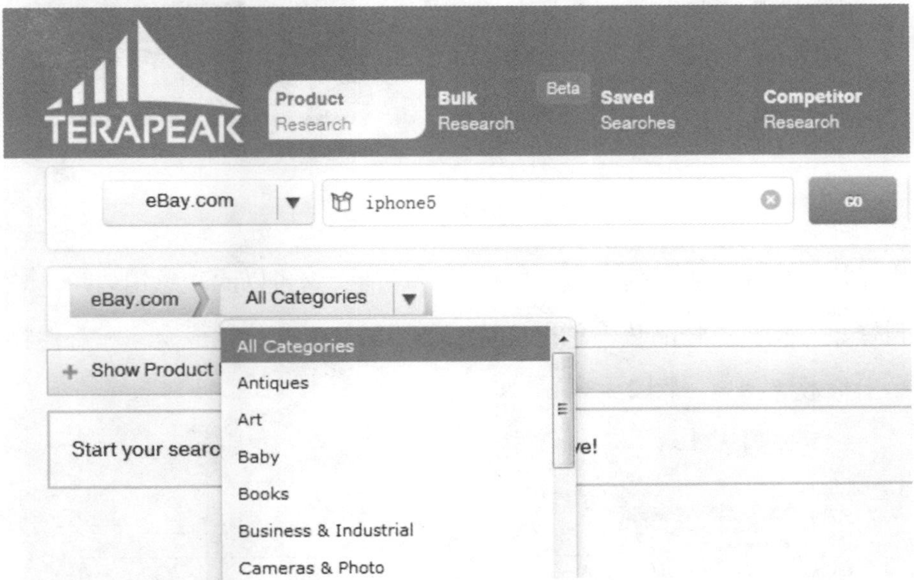

图 2－32

在“产品搜索”选项卡上，输入一个或多个产品关键词开始搜索。或者从其他选项卡上选择不同的搜索类型（竞争对手搜索、分类搜索、热门搜索）。记住：Terapeak 搜索的是 eBay 物品标题中的关键词，因此在输入搜索关键词时要明确。

Terapeak 小工具采用图表和数字形式显示数据。可以按以下条件来对数据排序：总刊登数、平均最终成交价以及成交率（图 2－33）。

在“分类搜索”选项卡上，可以查看一个分类的两个趋势图表。

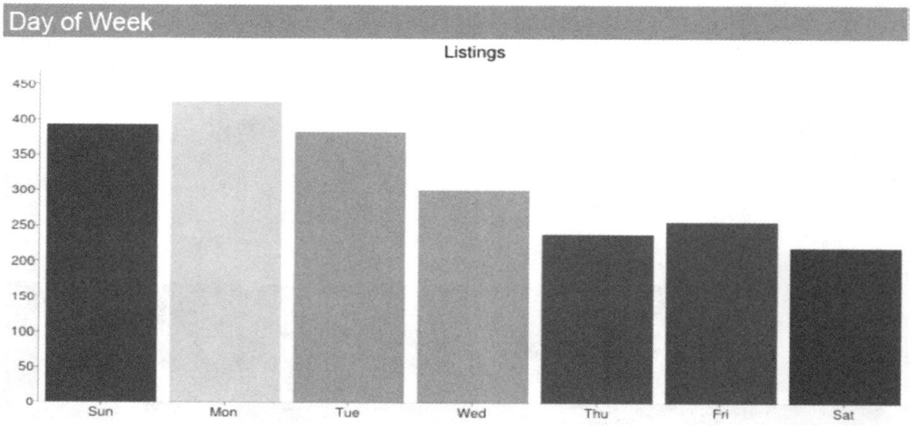

图 2－33

将光标悬停在图表任何一点上即可查看详情。您可以比较总销售额、总刊登数、总卖出物品数、总出价数、平均最终成交价、成交率和每件物品出价数等图表（图 2－34）。

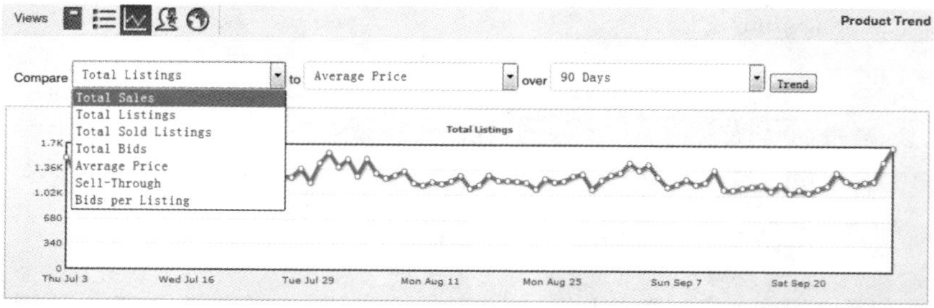

图 2－34

在“分类搜索”选项卡上，各分类按照您选择的条件用颜色标出并加权：总销售额、刊登总数、总出价数、平均最终成交价、成交率或每件物品出价数。各种颜色突出显示搜索结果内表现最佳者，要牢记各种颜色是在一个分类内比较，而不是跨分类比较。“计算机和网络”中的红色符号并不等同于“玩具和熊”分类中的红色符号（图 2－35）。

图 2 –35

在“产品搜索”选项卡上，通过“热门大卖家”视图查看所刊登产品匹配您的产品关键词的卖家。另外可在“分类搜索”选项卡上，通过“热门大卖家”视图查看在特定分类中刊登产品的卖家。可以按总销售额、成交物品、出价和已售物品来对卖家进行排名（图 2 –36）。

建立标题工具，通过建议最有价值的关键词来帮助您创建 eBay 物品标题。您可以根据关联的均价来评估这些关键词，然后相应地建立自己的标题（图 2 –37）。

Views Product Top Sellers

allthingsmobile
- Research similar items for this seller only
- Research all items for this seller
- Research this seller's top titles

Rank	Seller ID			Successful Listings	Bids	Items Sold	Average Price	Sell-Through
#1	allthingsmobile			1	744	744	$40.74	100.00%
#2	passion_fruit_us			0	411	411	$70.93	0.00%
#3	yuyang359958881	$28,569	6	6	4056	4056	$7.04	100.00%
#4	wanlanlan3599	$26,045	2	2	3345	3345	$7.79	100.00%
#5	ryanc21809	$16,248	20	20	3390	3390	$4.79	100.00%
#6	xinnuoyasz	$15,068	271	264	2096	1534	$9.82	97.42%
#7	swanbsy870810	$10,873	48	43	1737	1737	$6.26	89.58%
#8	em43_images	$10,711	1	1	1382	1382	$7.75	100.00%
#9	andrewdhl325	$9,897	35	30	1801	1801	$5.50	85.71%
#10	linjun1218	$8,711	2	2	1248	1248	$6.98	100.00%

图 2－36

1,000 Listings Sample | $268.39 Avg. Price | $895.00 Max. Price

Title Builder

Keyword	Listings	Avg. Price	Max. Price	Min. Price	eBay
Apple	929	$269.73	$895.00	$9.50	Search
Smartphone	732	$264.73	$895.00	$10.50	Search
16gb	611	$253.62	$895.00	$9.50	Search
Att	387	$240.22	$500.00	$9.50	Search
5s	349	$351.85	$850.00	$2.75	Search
Unlocked	282	$347.42	$895.00	$31.00	Search
Black	280	$220.77	$850.00	$28.00	Search
White	241	$237.84	$598.85	$10.50	Search

图 2－37

“搜索过滤器”可帮助您按价格范围、持续时间、刊登类型（定价与拍卖）等来获得更精确的搜索结果（图 2－38）。

保存最常搜索的内容，省时又省力。只需使用您要包括在内的任何过滤器进行搜索，然后点击“保存”图示。在“已保存的搜索”屏幕上，您可以选择星期几接收包含搜索结果的电子邮件（图 2－39）。

图 2 – 38

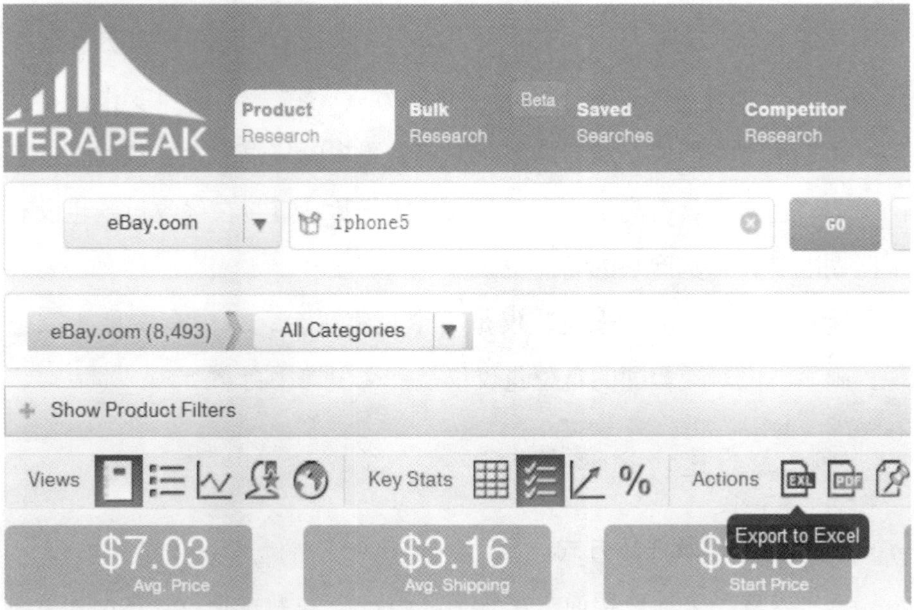

图 2 – 39

您还可以将搜索结果汇出为 PDF 或 CSV 档，或将搜索结果添加到 Value Track 中。

2-3 Alibaba Aliexpress 的做法

全球速卖通（AliExpress）正式上线于2010年4月，是阿里巴巴旗下唯一面向全球市场打造的在线交易平台，被广大卖家称为“国际版淘宝”。全球速卖通面向海外买家，通过支付宝国际账户进行担保交易，并使用国际快递发货。是全球第三大英文在线购物网站。

像淘宝一样，把宝贝编辑成在线信息，通过速卖通平台，发布到海外。类似国内的发货流程，通过国际快递，将产品运输到买家手上，就完成了一笔国际交易。

速卖通是一个融合订单、支付、物流于一体的国际小额批发在线交易平台，全球贸易新形势下，买家采购方式正在发生剧烈变化，小批量、多批次正在形成一股新的采购潮流，更多的终端批发零售商直接上网采购，速卖通具有满足这类采购需求的优势。直接在线收付款也没有了账期限制，拓宽产品的利润空间。

速卖通目前对中国来说，仅是一个销售平台，很少有本地买家出现，阿里巴巴对速卖通的定位也仅仅是一个出口平台。

一、成为速卖通卖家

1. 注册入口及注册方式

您可以登录全球速卖通卖家频道，点击“免费注册”，进入速卖通普通会员免费注册页面（图2-40）。在注册页面，可以看到两种注册方法：

（1）通过邮箱进行注册的方式

（2）通过支付宝账户注册的方式

图 2－40

进入卖家频道，点击右上方“免费开店”或右边“免费开店”进入注册页面，通过邮箱注册。依次填写个人信息和公司信息即可创建账户，完成注册。成功免费注册之后，如果您需要发布产品，还需要完成身份实名认证及收款账户的设置。

第一步：接下来请您准确完整地填写窗体信息（图 2－41）。

注册窗体时注意事项：

（1）填写准确的邮箱地址及手机号码

您在速卖通平台的订单等信息都将会以邮件的形式发送到您的注册邮箱，所以注册时务必填写常用且准确的邮箱地址。填写真实有效的手机号，保证能收到验证码。

（2）填写真实姓名

在注册时务必保证您所填写的个人信息准确和真实，以便您在成单后可以顺利收款。

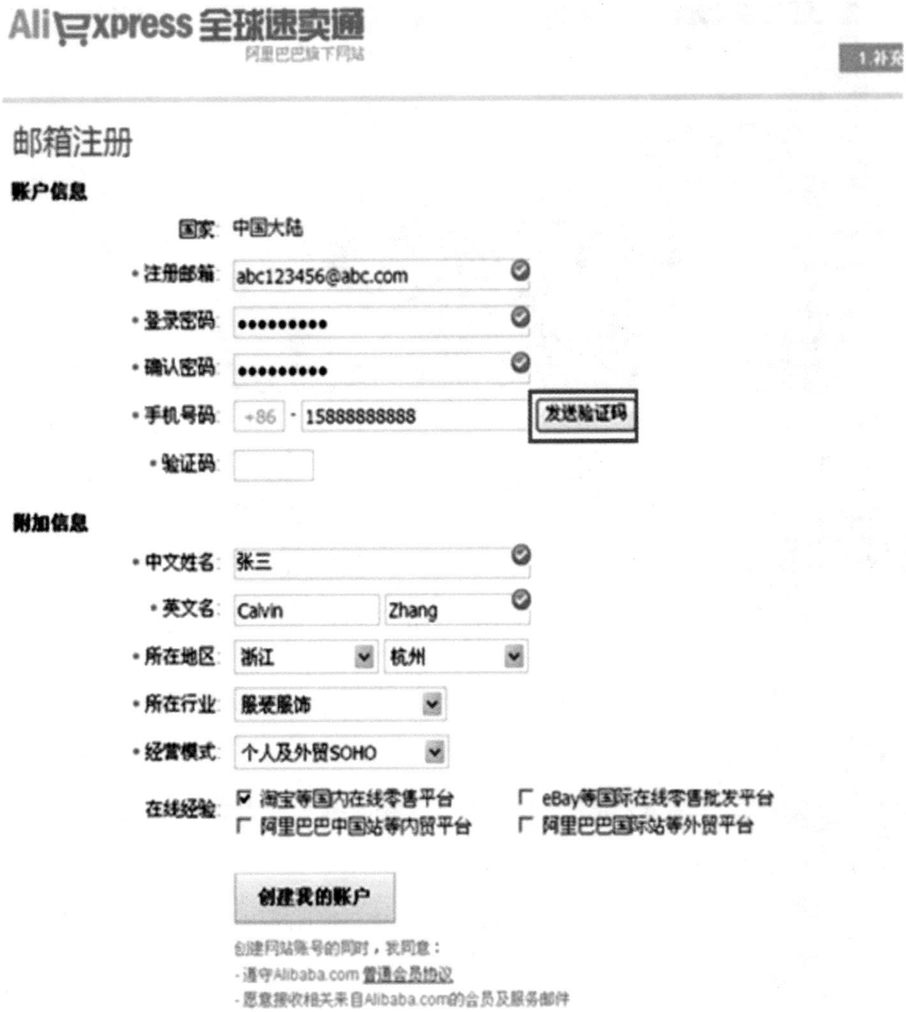

图 2－41

（3）准确填写行业背景和经验信息

请您准确地填写行业、经验模式和在线经验信息，这样您将获得速卖通为您量身定制的培养方案，更加有利于您的成长。

第二步：验证您的邮箱。

填写注册窗体后，您需要完成邮箱认证，以确保您的邮箱正确、有效。

（1）在您填写好窗体提交后，会弹出邮箱验证的页面

如果您确认无误，可以直接到邮箱里查收邮件，如果邮箱有误或者您没有收到邮件，可以按照提示的方法修改邮箱（图 2－42）：

图 2－42

（2）查看邮件正文，点击“点此确认”按钮，如该按钮无显示或者不可点，您可以将邮件中的链接复制到浏览器地址栏（图 2－43）

（3）邮箱验证成功提示页面（图 2－44）

完成邮箱验证之后，您需要继续完成身份实名认证，用以开始销售

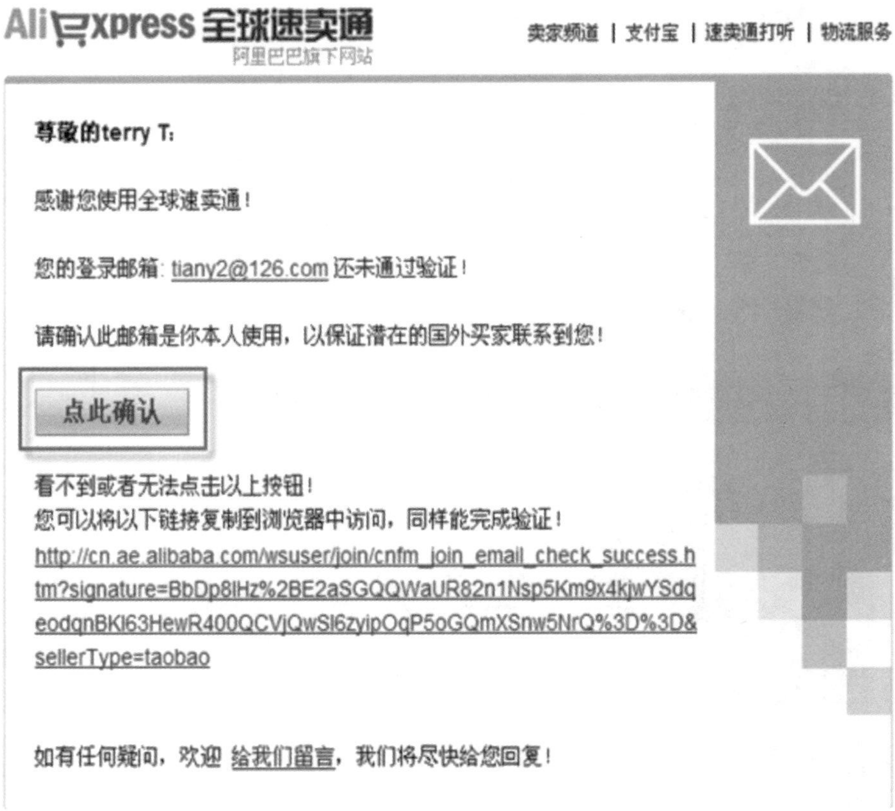

图 2-43

产品，也可以直接使用已经认证过的支付宝账号进行注册，将无须重复认证。

2. 商品上架

产品上架的技巧，推荐以下链接供参考：

flash：http：//cloud.video.taobao.com/video/play/v/1001/sid/33703/uid/eHVlcWlubWlzc3hpYW5n/f/v.swf

讲师简介：邵双，Aliexpress 资深产品经理，速卖通大学特聘讲师

课程简介：本课程主要介绍如何在速卖通上发布一个商品的操作，

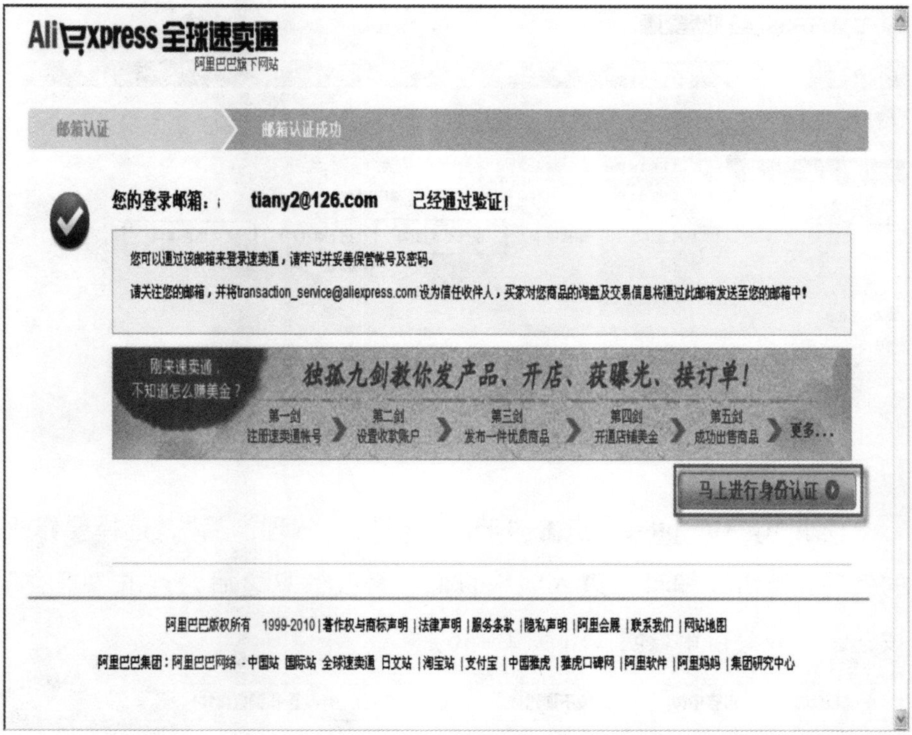

图 2－44

以及在发布商品时执行哪些操作后可以增加商品的曝光度。一个好的商品是交易提升的关键，优质的商品信息是其中的基础。

3. 商品审核及修改

（1）商品审核

您的产品信息提交成功后，阿里巴巴工作人员会对商品信息进行审核。如果符合阿里巴巴信息发布规则的要求，您发布的产品会在一个工作日之内审核完成，高峰期顺延。

您可以点击“产品管理”、“管理产品”，在“正在销售”状态栏下查看和编辑通过审核的产品（图 2－45）。

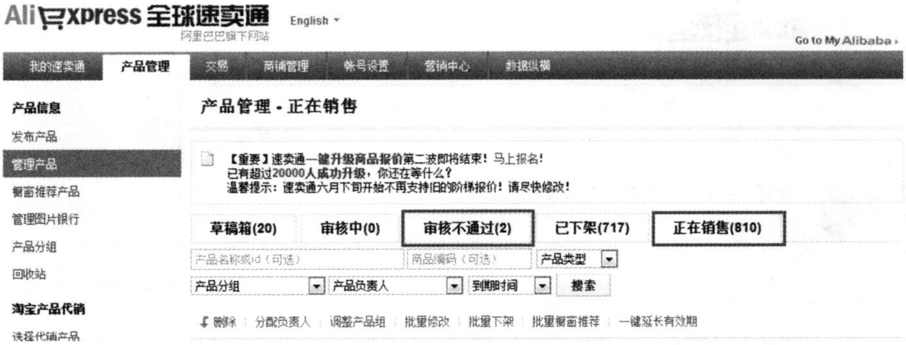

图 2－45

（2）商品修改

登录 My Aliexpress，点击“产品管理”、“管理产品”，选择要修改的商品，点击“编辑”进入编辑页面，修改信息之后，点击“提交”按钮，进入等待审核阶段（图 2－46）。

图 2－46

（3）商品下架

产品有效期分为 14 天、30 天，过了有效期产品将从“正在销售”转为“已下架”状态。您可以在“已下架”状态栏下查看下架产品，也可以将已下架产品重新上架（图 2－47）。

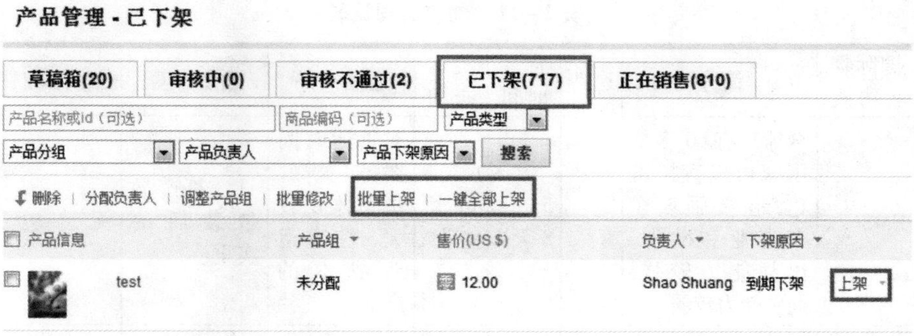

图 2－47

4. 物流方式简介

国际快递与国内快递存在诸多不同

表 2－10　国内外快递比较

	国内快递	国际快递
运输方式	圆通、申通、宅急送……	EMS、TNT、UPS、FedEx、SF、Hongkong POSt、China POSt
产品包装信息	不用填写	需要填写产品包装后的体积和重量，以正确地计算运费
快递运费计算方法	一般按照件算	按照产品包装体积、重量、买家所在地区、采购量，再根据不同物流公司的不同运费标准和运费计算公式计算。
快递运费	一般 3 ~ 15 元，5 元最普遍	快递费用差异大，比国内快递要高
货运时间	周期短	周期稍长
货物跟踪信息	卖家发货後，要填写有效发货通知和货运跟踪号，以方便货物跟踪和放款。	

表 2－11　物流公司比较

<table>
<tr><th>国际物流方式</th><th>简介</th><th>运费</th><th>货运时间</th><th>货运查询</th><th>适用产品</th><th>运费计算</th><th>燃油附加费</th></tr>
<tr><td>EMS</td><td>全球只有 60 多个国家可以直接送达，主要强项在东南亚和欧洲。出阕能力较强，通关能力较弱。</td><td>一般</td><td>5 ~ 8 天</td><td>可查询</td><td>对货运时间要求不高、货物体积较大、注重运费成本的产品</td><td>只计算产品包装后的实重</td><td>无</td></tr>
<tr><td>UPS</td><td>是世界最大的快递公司。强项在美洲路线，日本线路。</td><td rowspan="5">贵</td><td rowspan="5">2 ~ 5 天</td><td rowspan="5">可查询</td><td rowspan="5">货物价格较高，对货运时间有要求，追求质量和服务的产品</td><td rowspan="5">实中和体积重取较高者</td><td rowspan="5">每月更新</td></tr>
<tr><td>DHL</td><td>是欧洲最大的快递公司,欧洲和西亚、中东有绝对优势。</td></tr>
<tr><td>FedEx</td><td>去东南亚价格、速度最有优势，去美国、加拿大也比较有优势。</td></tr>
<tr><td>TNT</td><td>荷兰最大的快递公司，在西欧国家具有较强的清阕能力。</td></tr>
<tr></tr>
<tr><td>Hongkong Post</td><td rowspan="2">通过香港或中国邮政将货物发往国外。到达买家所在国家之后，通过当地的邮政系统送达买家手中。</td><td rowspan="2">便宜</td><td rowspan="2">7 ~ 14 天</td><td rowspan="2">需挂号</td><td rowspan="2">对运费成本较敏感,对货运时间要求不高,货物价格较低,体积较大的,建议货值在80－</td><td rowspan="2">只考虑产品包装后的贵重</td><td rowspan="2">无</td></tr>
<tr><td>China Post</td></tr>
<tr><td>顺丰</td><td>顺丰速运（集团）有限公司於 1993 年成立，总部设在深圳，是一家主要经营国内、国际快递及相关业务的服务性企业。</td><td>一般</td><td>2 ~ 3 天</td><td>可查询</td><td>发往韩国、新加坡的产品</td><td>特别说明：如快件算出来的体积重量大于实际重量。将会按照体积重量计算运费</td><td>新加坡、韩国无</td></tr>
</table>

国际 EMS：

一般 3 ~ 7 个工作日到送达。

优点：运费比较便宜，一般找货代都可以拿到至少 5 折的折扣，EMS 直达国家是都按照重量计算运费，自 2012 年 7 月 1 日起，EMS 在线发货针对邮件长、宽、高三边中任一单边达到 60 厘米以上（包含 60 厘米）的，都需要进行计体积重操作，体积重量（kg）= 长（cm）×宽（cm）×高（cm）/6000。长、宽、高测量值精确到厘米，厘米以下去零取整。500 克以下的物品可以按文件价格计算。可以当天收货，当天操作，当天上网，清关能力比较强。能运送出关的物品也比较多，其他公司限制运行的物品它都能运送，如化妆品、箱、服装、鞋子等各种礼品以及各种特殊商品等。

缺点：相比于商业快递速度偏慢。查询网站信息滞后，通达国家较少，一旦出现问题只能做书面查询，时间较长。

UPS：

一般 2 ~ 4 个工作日可送达。

优点：速度快、服务好，去美国的话，差不多 48 个小时就能到达，货物可送达全球 200 多个国家和地区，查询网站信息更新快，遇到问题解决及时，可以在线发货，全国 109 个城市提供上门取货服务。

缺点：运费较贵，要计算产品包装后的体积重，对托运物品的限制比较严格。

DHL：

一般2~4个工作日可送达。

优点：速度快，去欧洲一般3个工作日，到东南亚一般两个工作日，可送达国家网点比较多，查询网站货物状态更新也比较及时，遇到问题解决速度快，21千克以上物品更有单独的大货价格，部分地区大货价格比国际EMS还要便宜。一般通过货代也能拿到5折左右的折扣。

缺点：走小货的话，价格较贵，也需要考虑产品体积重，对托运物品限制也比较严格，拒收许多特殊商品。

FedEx：

一般2~4个工作日可送达。

优点：到中南美洲和欧洲的价格较有竞争力，去其他地区的话，运费较贵。网站信息更新快，网络覆盖全，查询响应快。折扣比同类快递公司高15%左右。

缺点：价格较贵，需要考虑产品体积重，对托运物品限制比较严格。

TNT：

一般2~4个工作日可送达。

优点：速度较快，到西欧3个工作日左右，可送达国家比较多，查询网站信息更新快，遇到问题回应及时。

缺点：需要考虑产品体积重，对所运货物限制比较多。

顺丰：

一般2~3个工作日可送达。

优点：速度较快，到韩国、新加坡无燃油附加费，较适宜发往以上两地的货物。

缺点：需要考虑产品体积重，对所运货物限制比较多。

中国邮政小包（China Post Air Mail）：

一般 15 个工作日左右可送达。

优点：运费便宜，首重和续重都是 100 克，清关能力强，能邮寄的物品比较多。（如化妆品、包、服装鞋子、各种礼品及许多特殊商品等），派送网络世界各地都有。

缺点：限重 2 千克，运送时间比较长，到达许多国家的货物状态无法在网站上查询跟踪。

中国邮政大包（China Post Air Parcel）：

一般 15 个工作日左右可送达。

优点：运费便宜，首重和续重都是 1 千克，清关能力强，能邮寄的物品比较多。（如化妆品、包、服装鞋子、各种礼品及许多特殊商品等），派送网络世界各地都有。

缺点：限制重量约 20 ~ 30 千克，运送时间比较长，到达许多国家的货物状态无法在网站上查询跟踪。

香港邮政小包（HK Post Air Mail）：

一般 7 ~ 12 个工作日可送达。

优点：运费便宜，全球统一价，以 10 克为计量单位，一般货代给的价格在 100 ~ 130 元/10 克，货物可以到达全球各地，只要有邮局的地方基本上都可以到达。

缺点：限制重量2千克，运送时间比较长，到达许多国家的货物状态无法在网站上查询跟踪。

香港邮政大包（HK Post Air Parcel）：

一般7~12个工作日左右可送达。

优点：运费便宜，首重和续重都是0.5千克，货物可以到达全球各地，只要有邮局的地方基本上都可以到达。

缺点：限制重量30千克，运送时间比较长，到达许多国家的货物状态无法在网站上查询跟踪。

2-4 洋码头扫货神器的做法

洋码头2009年成立，2011年6月正式上线，总部设立在上海，并在纽约、洛杉矶、旧金山设立分部。“洋码头”联结起了美国的商家和中国的消费者，使得用户可以足不出户地买到美国货。

它是通过整合优化低效率运作的国际物流资源和全球零售供应链来促进在线零售的全球化进程，改造中间环节多，库存过高，市场门槛高的传统代理制跨国零售模式。

其自建的物流团队是洋码头最大的特色之一，也是其核心竞争力所在，洋码头通过其自建的跨境物流平台，以低廉的成本配送国际订单，并且以规范合法的操作流程，迅速占领非常大的市场份额，并积极地和各地海关展开合作，试点目前自贸区新流程、新政策，已有大量该部分实际操作经验。

洋码头创立于2009年10月。

2010年下半年，获第一笔天使投资和杭州市政府产业引导基金投资。

2011 年 1—3 月，先行搭建海外四大物流中心（纽约、旧金山、洛杉矶、休斯顿）。

洋码头连手中国邮政，与东方航空公司、南方航空公司、韩亚航空公司等各大航空战略合作，自建国际物流仓储配送平台，有力地缩短了商品配送时间，降低了国际物流成本，并且能为消费者提供本土化服务。

2011 年 6 月，海外购物平台洋码头上线，总部设立在上海，并在纽约、洛杉矶、旧金山设立分部。

2013 年 9 月，洋码头海外扫货神器 APP 上线。

洋码头是一个非常有潜力的公司，也是近期跨境电商横空出世的一匹黑马，它推出的扫货神器功不可没。

1. 扫货神器简介

扫货神器是一款基于移动端的代购平台，其使用买手制、限制特卖、自建物流的同步 C2B 模式，让国内消费者与国外线下商家的特卖活动实时对接。

扫货神器每周会不定时发布国外线下商家的特卖活动，用户在特卖时间内下单，由活动现场的买手帮用户完成采购。通过扫货神器，相同商品的入手价格比国内低 50% 左右，并有实体店提供的产品和客服保证。

2013 年 9 月，海外扫货神器 1.0 版本上线。

2013 年 11 月，每周突破 10 场扫货。

2013 年 12 月，最高单日销售额突破 80 万。

2014 年 2 月，升级为社交平台 2.0，买家可关注自己喜欢的买手；

开放买手扫货场次限制，经过严格资质审核的买手自由发布现场扫货。

2014 年 4 月，发布扫货神器买手版，单日扫货场次超过 50 场，月交易量过千万。

2014 年 8 月，发布了 2.2 版本，首页全新改版，新增私信聊天功能。

从模式上看，扫货神器主要有三个特点：

（1）采购上使用买手制

扫货神器的买手团队游走于奥特莱斯等线下卖场，将商品、活动信息实时回馈给国内。一般进口平台多为异步模式，采购者先购入商品建立库存，再转销给国内消费者。而扫货神器可以理解为一种同步的 C2B 模式，买手实时发布商品和活动信息，向用户采集需求然后下单。这种做法的好处是采购者规避了库存风险，资金占用也比较少（用户订购后先付约 30% 订金），营销上也更为精准。

（2）交易上采用限时特卖

由于扫货神器做的是海外特卖现场直播，所以特卖时间与海外基本同步（一般先于海外一个小时结束）。限时模式除了制造稀缺感外，一定程度上也将用户代入了临场体验。

（3）物流上依靠自建网络

扫货神器的母公司洋码头是国内少数自建物流的进口电商，依托在美国的三个仓库，搭建了一套自身的集货网络。买手将商品邮递至仓库，由仓库打包发往国内。空运方面主要使用返程飞机的空仓（飞机出境时一般满仓，但是返程时运力往往闲置），只有运至国内后才交由作为第三方的 EMS 进行分发。扫货神器虽然是批量运输，但由于每件商品都有独立包裹和特定签收人，所以使用的是个人行邮税标准。

国内外商品差价主要由流通环节过长、歧视定价、税负三部分构成，而他们的价格空间也由此而来。直接从国外商家提货省去了多个代理层级，而税负结构也在保证合法报关的前提下进行了优化。目前扫货神器全部从国外零售管道采购，未来将逐渐向类似洋码头的品牌商直购模式转型，并将引入对买手的评价体系以建立买手个人品牌。

平台去年 9 月底上线。目前商品来源地主要是美国和欧洲其他地区，日韩地区正在拓展中，进入新市场时会以物流为先导。据透露，扫货神器 iOS 版下载量已超过 13 万（安卓版未上市场无统计），每场活动登录 App 数 1.5 万左右，场均交易额 50 万 ~ 60 万。客单价与场次主题相关，一般在 400 到 500 元不等，欧洲场可以做到 2000 元。买手基本由海外团队在当地招募，以留学生和华人为主。

2. 购买流程及细节

（1）注册登录

- 在“我”菜单中点击注册（图 2 - 48）

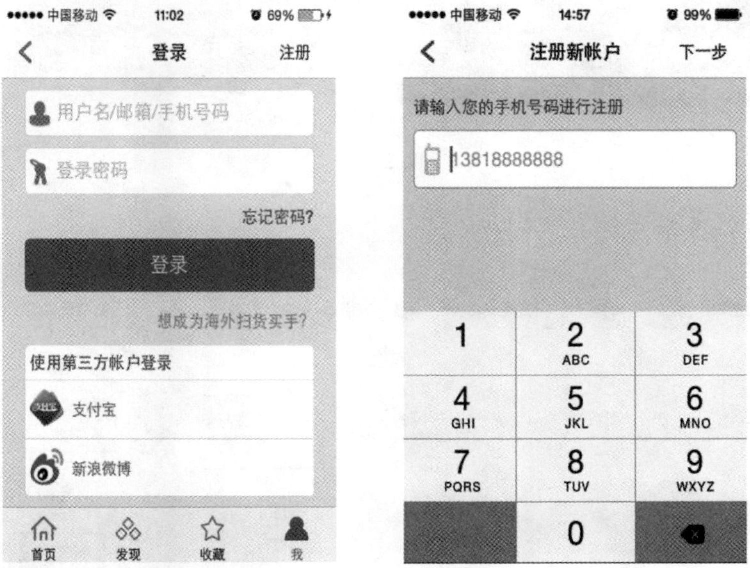

图 2 - 48

- 输入手机号码，根据提示完成注册（图 2－48）

（2）第三方账户注册登录

- 在“我”菜单选择第三方账户进行登录（图 2－49）
- 第三方账户授权确认（图 2－50）

图 2－49

（3）下单流程

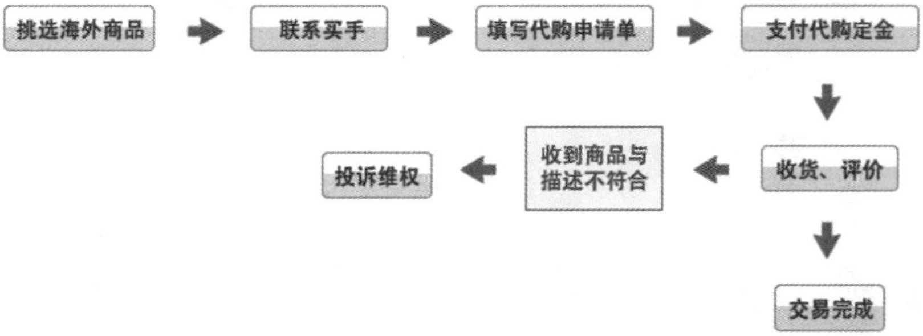

图 2－50

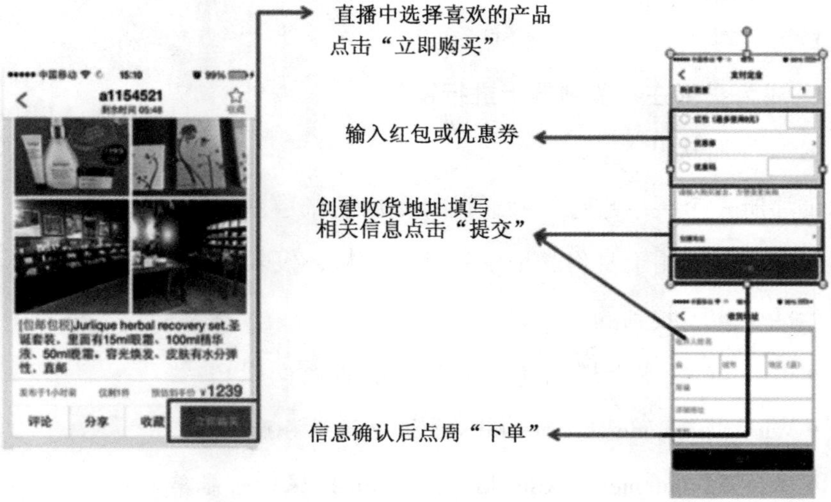

图 2－51

（4）付款流程

图 2－52

下单后 10 分钟内为付款时间，在规定时间内点击“去付款”，通过支付宝进行定金/补款的支付。

3. 成为买手在扫货神器上进行销售

（1）注册认证

①注册一个买手账号，并通过邮箱启动账号。

②需要提供用于身份和地址认证的材料，仅限于最近三个月内您在海外生活中实际收到的：

- Utility bills 水电煤气（天然气）账单
- Wireless/phone services bills 手机电话服务账单
- Banking statement（Checking，Saving）银行对账单
- Credit card statements 信用卡账单

注：以上材料必须包含您的真实法律用英文名和固定居住地址，并且材料仅限真实材料的数码相片或扫描件的原件。在您提交认证材料后，我们将会邮寄一份身份确认函到其申请认证的海外固定居住地址。在您确认收到该确认函之前，您所产生的所有销售款都无法提现。

（2）产品上架

在扫货神器的个人中心中，可以直接创建及管理直播活动（图 2－53）：

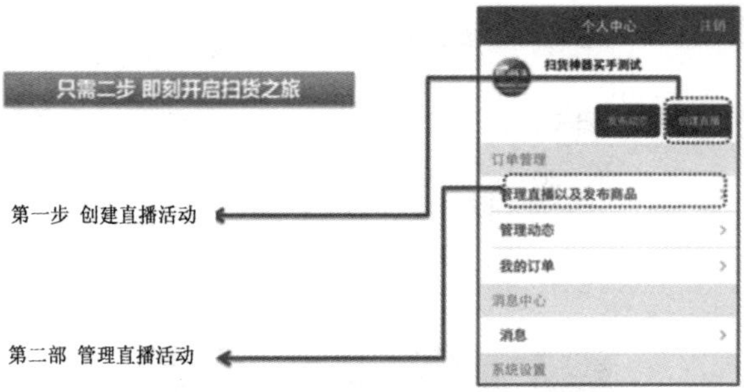

图 2－53

创建一个新的活动，需要设置的内容有：活动照片、卖场名称、卖场地址、直播简要介绍以及开始和结束时间（图 2－54）：

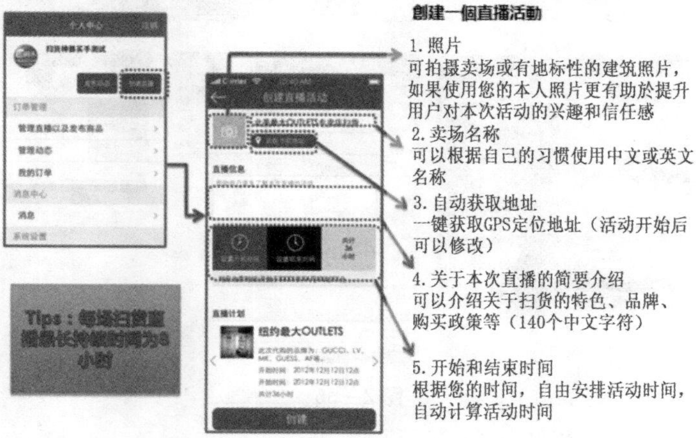

图 2－54

管理已经发布的直播活动（图 2－55）：

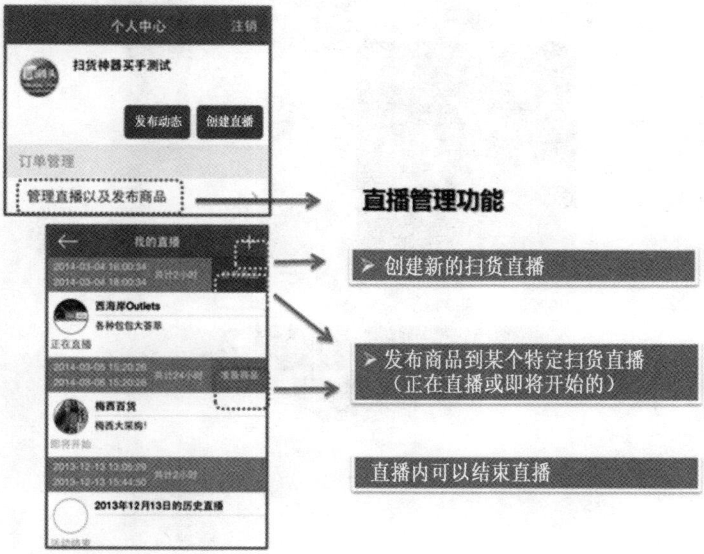

图 2－55

为直播活动添加商品（图2－56）：

图2－56

管理已发布的商品（图2－57）：

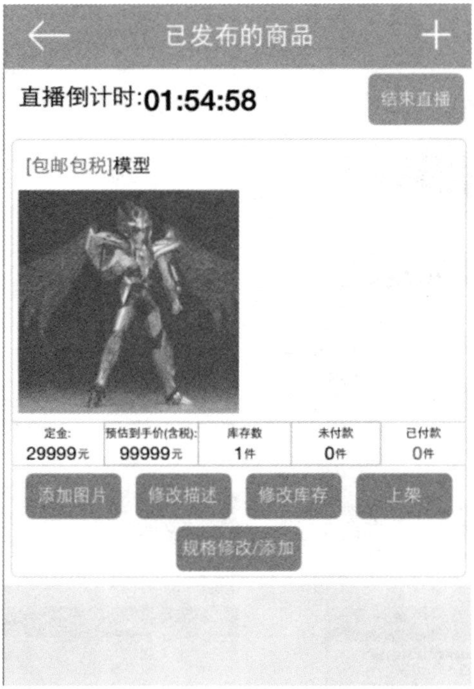

图2－57

添加图片：为商品添加新的图片，每个商品最多 6 张。

修改描述：调整商品的标题描述。

上下架：如果该商品已卖完或希望之后再让用户能够购买到，则可以使用下架操作，该商品即不会在直播的商品列表中显示。

修改库存：根据实际情况修改库存以免造成砍单或售罄。

修改规格：根据实际可购买的商品采购情况提供给用户可选规格。

章3

跨境贸易电商——WeGoLuck

3-1 跨境电商遭遇的问题

全球电子商务的活络发展，加上完整交易安全的第三方金流机制整合，蓬勃了海外 B2C 电商的交易量，也带动了台湾出口制造商期盼能成为该类型 B2C 电商供货商的热潮，除了商品曝光度提升外，获利也有望提升。台湾财团法人机构、民间工协会及顾问公司等，近年来亦纷纷钻研进入 B2C 电商的快捷方式，推出如 eBay 超级卖家授课或专人代管 B2C 商城服务等类似代运营商做法的辅导机制，共同协助台湾出口产业进军海外 B2C 市场。然而，台湾供货商在摸索及尝试海外 B2C 电商交易的过程中，囿于如下门槛而迫使他们选择放弃或被动等待，依笔者观察，海外 B2C 电商的交易形态与发展，委实适合台湾少量且多样的精品外销，因此笔者将于后续章节解析 WeGoLuck 如何借力使力，善用当地资源及既有的市场巨擘来协助台湾出口制造商得以衔接美国主流 B2C 电商。

1. 语言问题

于海外 B2C 电商直接贩卖商品，供货商须具备自行阐述及营销商品的条件，台湾出口制造商多半具备外语能力，但口语讲述商品与撰写商品文案是南辕北辙的工作，因此，当供货商须活灵活现地将商品营销诉诸文字时，经常发生以商品黄页般千篇一律的方式呈现，而非以商品营销的多变化性方式来展现。

2. 文化问题

台湾与海外在地文化的差异无须赘述，因此，当供货商须在海外B2C电商上直接贩卖时，甚难克服双方文化差异而进行有效地在地营销，换言之，因为文化差异的鸿沟，台湾供货商难以模拟或异地而处，故即便克服语言问题，他们多半无法撰写符合在地民情及当下热潮的文宣，因此甚难在短时间内吸引主流消费族群的目光。

3. 实时客服问题

在B2C电商上进行商品贩卖时，面对的是终端消费者，因此，大流量B2C电商多半要求具备在线客服或24小时客服机制，也因此，供货商须具备在最短时间内处理五花八门问题的能力，但美洲与亚洲具13～16小时的时差，欧洲与亚洲具6～7小时的时差，因此当供货商进行海外直接零售时，通常必须聘雇专人跨海管理，或在海外当地有代理人或成立分公司的规划，台湾中小企业多半以前者做法执行，或于当地选择一两位代理人委托经营，而中大型企业则是以分公司形态自行经营分销机制，但分点建置与分销成本负担亦相对高昂。

4. 曝光问题

欧美B2C电商蓬勃发展，以美国为例，前十大B2C电商的月浏览量可达10亿人次，换言之，当供货商在这些B2C电商上直接出售商品时，可获得在10亿人次月浏览量的舞台上曝光的机会。但有机会并不等于商品成交，因为每一个B2C电商上，皆有数以百万计的商品在陈列与流通，因此，如何能在为数众多的商品群中凸显或被注目，提升有效曝光度成为每一个供货商最为关注的重点，而最直截了当的做法是增加贩卖该商品的店家，或在该类型B2C电商上购买广告。所以，当台湾供货商一味地认为“我”能够或“我”已经自己在海外B2C电商上贩卖商品时，应该认真思考如何将“我”提升为“我们”，让其他具市场经验的海外在线卖家共同来销售商品，以提高商品有效曝光度，并刺激实际成交率。当某一 B2C 电商上有超过一家供货商在贩卖某商品时，于该电商上执行的广告或其他的市场营销行为才能真正发挥效用，进而提升商品注目度与成交率。

5. 物流问题

凡与海外 B2C 电商交易，商品配送的有效性与实时性成为刺激交易提升的关键，对于台湾的出口制造商而言，当商品于海外 B2C 电商发生交易时，必须能在 48 小时内自海外仓库发送或直接自台湾产地发货，前者必须具备海外仓库的先决条件，后者则必须负担高额的空运费用，不管是前者还是后者都有其进入门槛与成本考虑。

（1）商品直接自海外仓库内陆发货

当制造商选择进行海外设仓时，有五项评估点，分别为：①设仓方式；②仓库地点；③仓库规模；④商品种类；⑤商品库存量。若制造商选择自建或购买仓库，必须投入高额的前置资金及运作成本，在发货量未达规模经济前，将难以获利；若制造商选择租赁仓库，其进入门槛较低，则必须考虑日后商品的预期交易落点来决定租赁单一或多个仓库，以追求境内配送运费的最佳平衡点。

（2）商品直接自台湾产地空运发货

制造商虽无海外设仓的前置成本，但商品的跨境空运运费将会成为该交易成功与否的关键。选择直接空运发货者，商品常是极小型或小型货件如美妆品、纺织服饰或 3C 配件等，因为该类商品的空运费用在整体通路成本上比重低，风险可控。

6. 退换货问题

以美国 B2C 电商为例，自商品送达买方指定地点起 30 天内，买方享有任意退换货之权利，换言之，供货商必须承担商品发生退换货情况下的“逆物流”风险。所谓“逆物流”，是指商品自买方指定地退回至制造商原发货处或制造商指定退货处，退货检查暨管理费用，以及更换瑕疵品而发生的再次配送物流费等，逆物流费用常是左右该跨境交易盈亏与否的关键。当供货商选择以空运发货的方式来寄送商品时，在发生退换货情况下，供货商须面对商品是否空运退回原发货地以及是否重新发货的难题。

7. 金流问题

与海外 B2C 电商交易时，制造商必须于海外当地银行开户，以便当地消费者可透过信用卡或 PayPal 等现金流机制来付款。以美国为例，若台湾制造商在美国无分公司，则须透过具有美国身份的第三方来代为收款，或以境外所得税人身份直接于海外银行开户。

8. 账务问题

当出口制造商直接经营海外 B2C 电商时，因有单笔交易而发生小额或零散商品直接空运递送至海外买方时，制造商常发生商品出口申报与海外收入间的账务平衡问题。再者，商品出口免税或退税问题也是制造商须格外注意的。

9. 海外税务问题

除账务问题外，当制造商以境外所得人于海外交易时，必须具备处理当地税务的能力。以美国为例，所得税分为联邦税及州税，且各州税率不尽相同，制造商必须聘雇当地会计师来处理税务申报事宜；除此之外，商品的销售税是因各州税率外加，消费者在购买商品时须支付该外加的销售税额（台湾是商品零售价，已内含发票税），过去因就网络交易的法令规章尚未成熟，网络零售商或消费者皆未严格遵守美国销售税的收付或申报，然而美国加州公平委员会（State Board of Equalization）于 2011 年 6 月颁布的法条中，明订在加州交易年营业额超过 50 万美元的电商或年营业额超过1万美元的个体零售商，必须向加州消费者代收商品销售税后主动向州政府申报，自此，其他各州政府亦随之订立相关法律条约来约束网络交易的销售税收付。除了已于海外设立分公司的业者外，中国台湾普遍的出口制造商甚难真正了解美国当地复杂的税务机制与法条，也因此在商品交易后容易发生许多衍生性问题，详见图3－1。

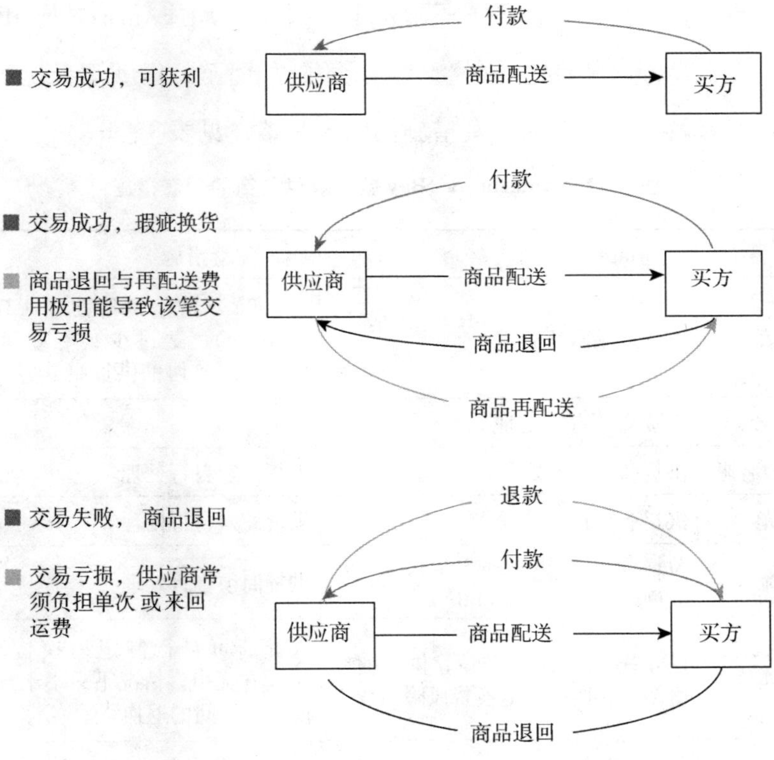

图3－1 跨境交易的成交与预期盈利关系图

透过上述种种问题解析，不难理解为何台湾多数的中小企业主仍倾向于薄利的传统出口贸易生意，而不愿尝试电商通路，甚至少数企业主在真正经历海外B2C电商交易的诸多为难后，如惊弓之鸟般对任何电商业者的接触望而却步。但在国际代工市场的剧烈削价竞争下，中国台湾出口制造商的接单能力日趋薄弱，而过去数十年风光的代工背景，造成台湾企业甚少具备自有品牌意识，两大冲击下，台湾制造商及商品慢慢自国际市场中陨落。近年来，为协助制造业发展，政府积极鼓励产业创新及内需交易，因此蓄积了大量的优质商品并且活络了国内网络交易，现在，台湾地区的出口制造商迫切地希望借由国内网络交易佳绩的经验，也能在海外电商市场上开疆拓土，因此当美国 Amazon 与 eBay 经常性地在台湾地区招商时，供货商们无不蜂拥而至，但就笔者观察，两大电商业者就上述问题的配套措施仍尚未完整，见表 3 – 1。

表 3 – 1　Amazon & eBay 就跨境供货商的配套措施

问题	Amazon 配套措施	eBay 配套措施
1. 语言	供货商须自行处理	自 2006 年推出贸易助理（Trading Assistant），透过少数专业卖家或代管公司来协助供货商
2. 文化	供货商须自行处理	同上
3. 实时客服	供货商须自行处理	供货商须自行处理
4. 曝光	供货商须自行处理	供货商须自行处理
5. 物流	Amazon 积极建仓并大幅推广 Fulfillment by Amazon（FBA）	供货商须自行处理
6. 退换货	遵守 Amazon 退货政策，供货商须概括承受商品的退换货风险与成本	供货商可自行制定退换货政策，eBay 在无申诉情况下，不干预供货商与买方间的退换货情事
7. 金流	买方付款给 Amazon，Amazon 周期性结账付款给供货商，且供货商必须具备海外收款能力	买方直接以信用卡或 PayPal 付款给供货商，供货商必须具备海外收款能力
8. 账务	供货商须自行处理	供货商须自行处理
9. 海外税务	供货商须自行处理	供货商须自行处理

综上所述，虽然 Amazon 及 eBay 来台热烈招商，对于多数台湾中小企业而言，在上述关卡的诸多为难下，实在甚难真正成为美国两大电商的供

货商，但该两大电商惊人的交易量，却是台湾出口制造商直接推广品牌与累积客群的首选，笔者将于后续章节介绍 WeGoLuck 如何善用市场上已然成熟的异业优势来弥补台湾出口制造商的劣势，弥补制造商直接进军两大电商的诸多不足，使台湾出口制造商可以真正取得进军两大电商的门票。

3-2 WeGoLuck 架构与运作模式

深究台湾出口制造商的背景，多数具备优秀的商品开发与生产能力，但不谙海外市场及当地营销，因此，一再强求制造商在短时间内具备直接海外零售的能力，不如选择市场上顶尖好手的实力来进行通路整合，前述直接经营海外 B2C 电商的九大问题，概分为在地营销、在地仓储物流及在地账务与税务代理人三大区块。

1. 在地营销

因天猫及淘宝网的惊人交易量，中国市场兴起了一波称为“代运营商”的热潮，所谓“代运营商”，就是替不谙网络生态及交易的制造商代管电商生意，他们具备电商交易的知识与经验，更具备在地营销专长，透过协助商品销售而获取利润。这些专业代销商与先前 eBay 推出的贸易助理（Trading Assistant）有异曲同工之处，但大陆代运营商成功地发展壮大，反观美国，笔者同样发现许多 B2C 电商业者也纷纷向供货商提出代销请求，最为知名者为全美排行 140 的 Newegg（新蛋网），他们大动作地跨海招商并提出 12% 的代销佣金，远低于一般零售商动辄30% ~40% 的销售佣金。当消费者于 Newegg 网站下单时，可由供货商在 48 小时内直接发货至买方指定地，或供货商可先将商品存放于 Newegg 海外仓库中，再由 Newegg 代为发货。

Newegg 现为全美第二大零售 B2C 电商，仅次于 Amazon，它可协助制造商进行在地营销，透过 Newegg 于近年来所累积的销售实力，可以有效解决语言、文化、时差、客服及曝光五大问题，然 Newegg 协助制造商代销的运作中，不管是制造商自行空运发货或委托 Newegg 代管暨代发货，都将面临囿于销售落点未知而导致该笔交易的配送运费暨逆物流风险不可控的窘境，且 Newegg 要求旗下跨境供货商在未具备美国公民身份的前提下，须填妥境外所得人申报表，此举将造成制造商诸多海外账务暨税务困扰，因此，仍须辅以完整的配套措施来使得台湾出口制造商得以成为如 Newegg 般的 B2C 电商供货商。详见图 3 – 2。

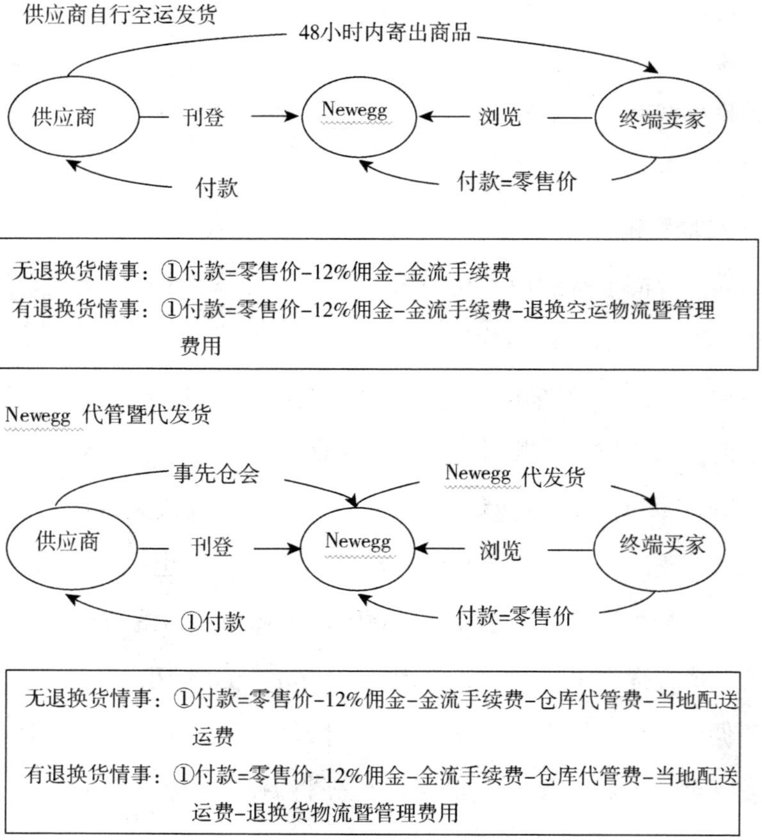

图 3 – 2　Newegg 旗下跨境供货商的订单发货示意图

2. **在地仓储物流**

全球三大物流体系 DHL、UPS 及 FedEx，皆具备仓储与物流配送能力，有别于地区型仓库业者，他们可以提供完整的跨境供应链服务，他们可以处理商品进出口、当地仓储管理暨全美 48 州配送服务，更有甚者，他们可以提供高规格且客制化的组装及检验工序，知名的 Dell 计算机或 Ford 汽车都是其爱用者之一，换言之，制造商无须耗费巨资在海外设仓，可以透过租赁方式在海外拥有专业的代管及发货仓库。

3. **在地账务及税务代理人**

台湾出口制造商习惯传统贸易的商业架构，除了可批量出口外，海外的进口收货人（Consignee）自收货后即承担了海外销售的所有账务及税务问题，因此，只要确保 Consignee 对台湾出口制造商具有安全的付款机制，即可免去制造商的在地金流、账务暨税务困扰。

WeGoLuck 在整合上述三大区块后，提出适合出口制造商成为美国 B2C 电商供货商的运作架构，依信息流、物流及金流分述说明：

1. **信息流**

WeGoLuck 与美国主流 B2C 电商信息串接，当出口制造商将商品信息登录在 WeGoLuck 后，信息可汇接至海外 B2C 电商，由美国在地网络专业卖家直接于在线刊登或代管商品，换言之，制造商商品经由 WeGoLuck 信息汇接至海外 B2C 电商或市集，即可获得高达 10 亿月浏览次的高曝光机会，倘市集中有不止一位零售商有意代销，则其有效曝光率将大幅提升，连带刺激交易率的提升。

2. **物流**

当制造商有意透过美国网络专业卖家进行商品代销时，可直接于 WeGoLuck 在线申请出口，具有如下优势：

（1）台湾批量并柜，整柜海运出口

WeGoLuck 与 DHL 异业合作，委托台湾 DHL 团队协助制造商出口清关事宜，商品送交指定处并柜后采整柜海运出口。此举可使所有制造商以少量测试海外 B2C 电商需求，倘试卖结果良好，可逐量追加。

（2）商品全程交由 DHL/UPS 仓库代管

货柜交由美国 DHL 负责商品进口程序，商品顺利通关放行后，由美国 Consignee 授权 DHL 直接拖曳至指定仓库存放，制造商商品将全程交由 DHL/UPS 代管。

（3）专业理货，零散配送

DHL/UPS 将商品分类上架，等待 WeGoLuck 指示理货包装配送；当海外 B2C 电商发生交易时，WeGoLuck 将动态在线通知台湾出口制造商，并同步通知海外仓库进行理货包装，商品将于 48 小时内自仓库发货，配送至全美 48 州之买方指定地。除大型货件外，商品将以额外配送箱进行包装及配送，一则保有商品的新品包装，二则降低运送损坏率。

（4）30 天退换货服务

因应美国法规，商品售出后的 30 天内，买方享有无条件退换货权利，倘发生退换货情事时，商品将直接退回至原发货仓库，经仓管人员检查其新品包装的完整性后再行重返货架、入瑕疵仓或新品补偿等后续作业。制造商无须忧虑海外退换货服务及管理情事，DHL/UPS 将依 WeGoLuck 信息指示进行相关服务及管理，且所有信息将同步于 WeGoLuck 揭露，制造商可随时掌握商品销售动态并实时管理。

3. 金流

当海外交易发生时，美国 B2C 电商透过 PayPal 或其他金流机制单笔收款，制造商可于 WeGoLuck 在线浏览销售动态，每月 21 日自动结算并揭露于制造商的 WeGoLuck 专属账户，制造商经财务对账无误后，美国 Consignee 自动于次月 1 日海外电汇，倘发生未付款情事，We-

GoLuck 无条件承担该笔账款并须于 30 天内完成付款。

WeGoLuck 的运作架构保有传统贸易的优势，使制造商可免去海外直接销售的账务与税务困扰，同时，以批量海运搭配当地零散出货的供应链管理方式，大幅精简通路成本，将过去多层式剥削的利润还诸制造商，因此，常态性而言，制造商透过 WeGoLuck 出口销售之供应价格可较传统贸易提高 20% 以上。

一般 B2C 电商交易，商品供应者有权决定商品市场零售价，在交易成功后，扣除美国在地专业卖家的销售佣金、相关物流、手续费暨管理费后，余款交还供货商。台湾境内知名电商 PChome 即依此方式与供货商结账，美国在地专业卖家亦采用此法来代销商品，然因美国地广，在交易落点未知的前提下，无法预知配送运费及退换货逆物流费用，因此，台湾出口制造商难以控管风险以确保交易的盈亏；为解决此问题，WeGoLuck 提供制造商商品供应价 FOB、代销商利润及海外市场零售价三大定价权利，制造商可于商品登录于 weGoLuck 当下，实时试算该商品之通路成本并进行定价，换言之，制造商可明确知道当商品透过美国网络专业卖家代销成功后的实际取回金额，且无须忧虑海外配送运费或承担商品因 30 天退换货服务而产生的外加费用。图 3 – 3 为 WeGoLuck 在线提供的交互式定价机制，由图中可看到供应价格（USD）、网络专业卖家进货价（USD）、市场建议售价（USD）以及网络专业卖家毛利四大项订价要素，分述如下。

（1）供应价格

一般出口制造商习惯的 FOB Price，亦即该商品经海外 B2C 电商交易成功后，制造商实际取回之金额。

（2）美国网络专业卖家进货价

WeGoLuck 依该商品之特性及条件进行实时试算，该价格即为美国网络专业卖家取得之商品成本，内含全美 48 州的配送运费。

（3）市场建议售价

即商品零售价，制造商建议美国在地专业卖家刊登的商品售价；市场建议售价与网络专业卖家进货价间的差价即为网络专业卖家贩卖该商品所得之佣金。

（4）网络专业卖家毛利

即美国网络专业卖家的佣金比。

制造商可随时并任意调动上诸定价，WeGoLuck 的人性化接口提供了便利的调价工具，制造商只要点选图内的⊞或⊟即可调整价格或佣金比。

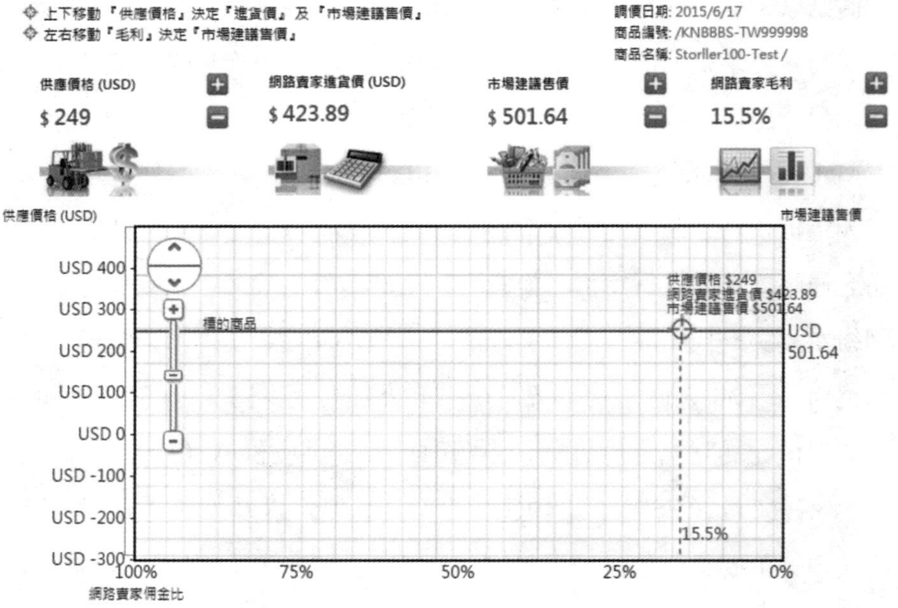

图 3-3　WeGoLuck 交互式定价机制示意

就上述出口制造商在经营海外 B2C 电商市场时所面临的诸多困难，WeGoLuck 保留原有出口贸易的优点并善用异业整合的优势来提供制造商完整的配套机制，使制造商可以借力使力地通过美国在地专业卖家的销售力道来达成商品的高曝光率及推广自有品牌，进而营销商品，真正协助制造商进军海外零售市场。

表 3－2　WeGoLuck 就跨境供货商的配套措施

问题	WeGoLuck 配套措施
1. 语言	信息汇接美国在地网络专业卖家，可代替制造商进行在地营销与商品刊登，制造商可于短时间内获得在美国 10 亿月浏览量的电商市场上的曝光机会。
2. 文化	
3. 实时客服	
4. 曝光	
5. 物流	商品自台湾集货后即全程交由 DHL/UPS 代管，包含美国境内 48 州发货及当地 30 天内退换货皆可得到完整的管理与服务。
6. 退换货	
7. 金流	美国 Consignee 按月结算，制造商核账无误后，直接海外电汇制造商。
8. 账务	制造商与美国指定 Consignee 间为外销贸易，故制造商仅负责台湾营所税，海外税赋与制造商无涉。WeGoLuck 将动态记录事务数据供制造商查阅，并且美国在地专业卖家账务往返及赋税问题由 Consignee 负责处理。
9. 税务	

3－3　六大步骤进军美国 B2C 电商

WeGoLuck 平台除有多处导引及说明外，内含大量商品出口贸易的提醒、下拉式选单及图像式按键，可明显看出该平台为出口制造商客制化的用心。读者在使用该平台时，可注意两大特点。

其一，在填写数据时，开头遇有红色三角形记号▶为必填，若为灰色▶则可选填。

其二，凡遇有圆形问号记号者（如?或?），将光标移至该记号处即会显示如何填写或使用的完整说明。

现在就跟随笔者来看看如何透过六大步骤进军美国 B2C 电商！

成为 WeGoLuck 注册会员，仅需填写公司基本数据，笔者不在此赘述。当使用者完成注册，登录 WeGoLuck 后，立即出现如图 3－4 所示的六大步骤的导览画面，以下就每一步骤做使用说明。

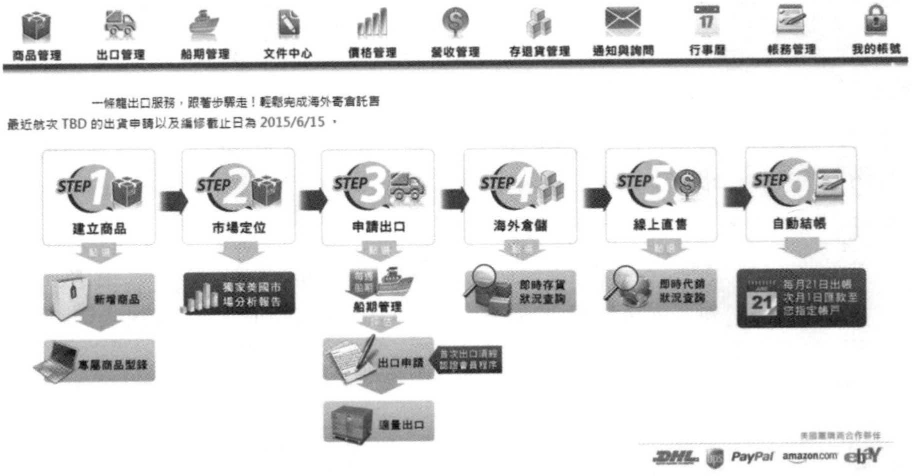

图 3－4　WeGoLuck 六大步骤导览

1. 建立商品

使用者在建立商品前，请先备妥商品基本数据（如规格、单品及出口外箱尺寸等）及精美相片档，才可以一气呵成，一般新手可于 7～10分钟完成一个商品的建立，进入门槛低。

如下图页面点选左上角“商品管理”中的“新增商品”按钮后，进入简易四步骤，如图 3－5：

图 3－5

（1）选择产业

开放 12 产业，每一商品可选择主曝光产业及次曝光产业，用户可依阶层图像式接口选取最佳曝光类别。WeGoLuck 考虑某些商品具跨产业特性，故提供使用者主产业及次产业选择，如婴儿床，它可于“儿童 & 婴儿”产业中曝光，亦可于“居家 & 庭院”产业中曝光，此举有助于美国在地专业卖家将商品做多重刊登，因此，用户可善用该功能。

笔者以目前热门的银发族商品“拐杖”为范例，带着读者浏览功能页面，如图 3 – 6：

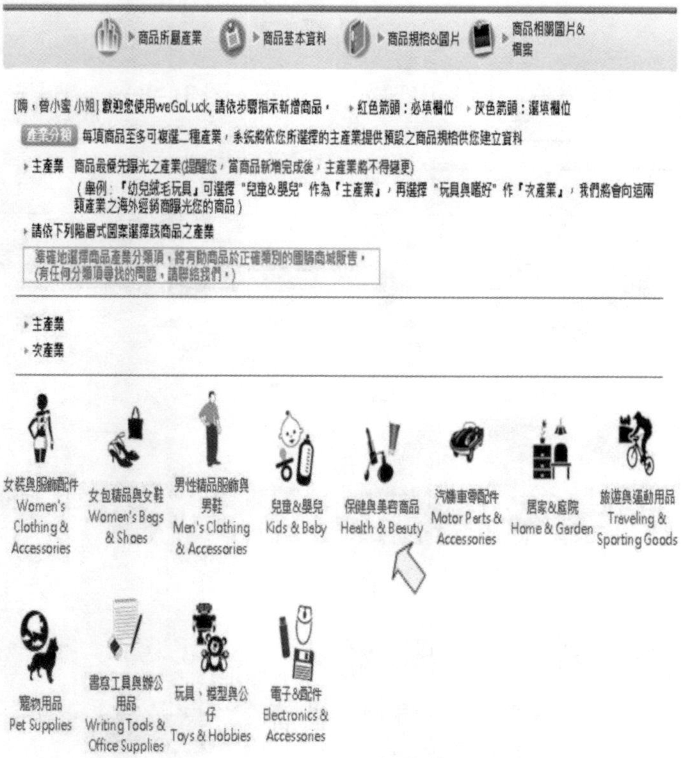

图 3 – 6

点选“保健与美容商品”后，出现如下画面（图 3－7）：

图 3－7

点选“医疗照护”后，出现如下画面（图 3－8）：

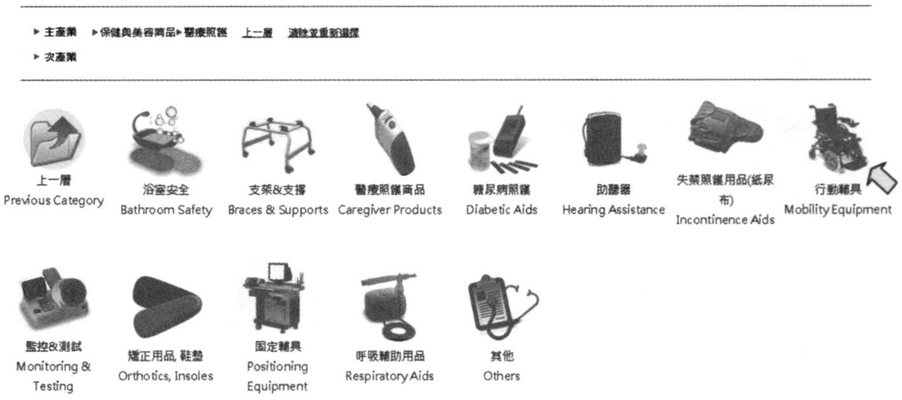

图 3－8

点选“行动辅具”后，出现如下画面（图 3－9）：

点选“助行器 & 拐杖”，完成产业选择，点选“下一步”（图 3－10）：

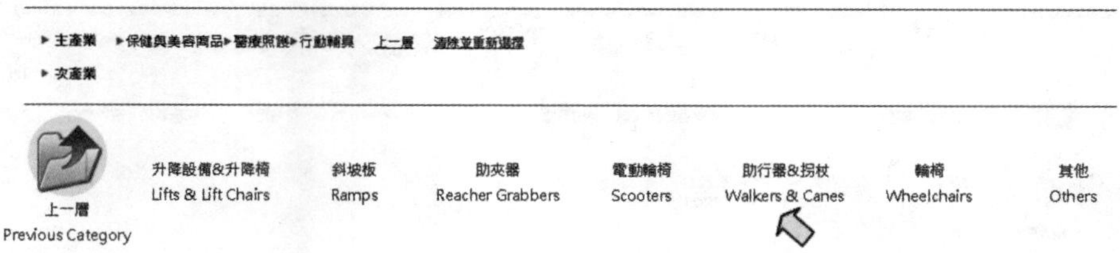

图 3－9

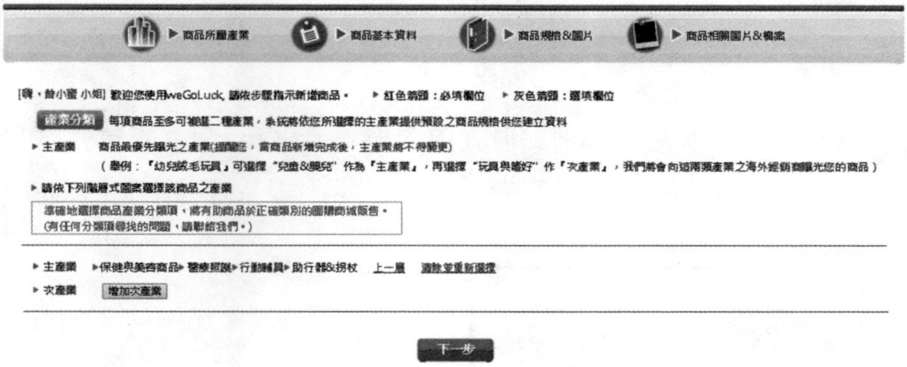

图 3－10

WeGoLuck 的产业分类与美国 Amazon 及 eBay 有异曲同工之妙，因此，当商品信息汇接到海外 B2C 电商时，供货商无须担忧曝光产业定位及中英翻译。

（2）填写商品基本数据

依序填写“商品名称”、“商品内容物”、“包装数据”、“供应价格”及“关键词小帮手”五项信息，依序操作如下（图 3－11）：

请注意，台湾出口制造商深具 OEM/ODM 背景，倘若该出口商品非经授权或为副厂零件者，则于填写的“出口报关之商品名称（限英文）”时，不可任意标示非经授权之商标名称，以免有侵权之虞。

务必详细填写该商品的内容物，以避免日后海外买家收到实物时，以内容物不符或包装瑕疵等理由退件。

图 3－11

例如，当您贩卖手机商品时，内含充电器（座充）、充电器（旅充）、SD 卡或其他配件等，须完整填写配件名称及数量（图 3－12）：

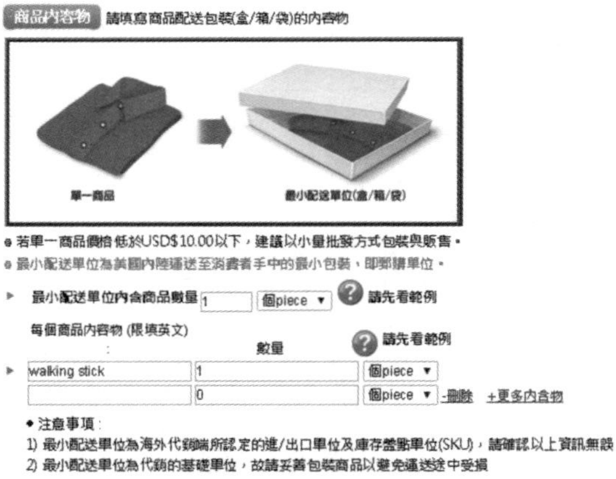

图 3－12

何谓“最小配送单位”？相信许多使用者跟笔者一样，第一时间对于“最小配送单位”有疑惑，其实，它就是您希望买方在海外 B2C 电商上可以购买的单位。举例来说，如果您希望一次贩卖 3 件不同颜色的洋装给买方，则 3 件洋装视为 1 套商品，此时，您应该按照下图填写（图 3－13）：

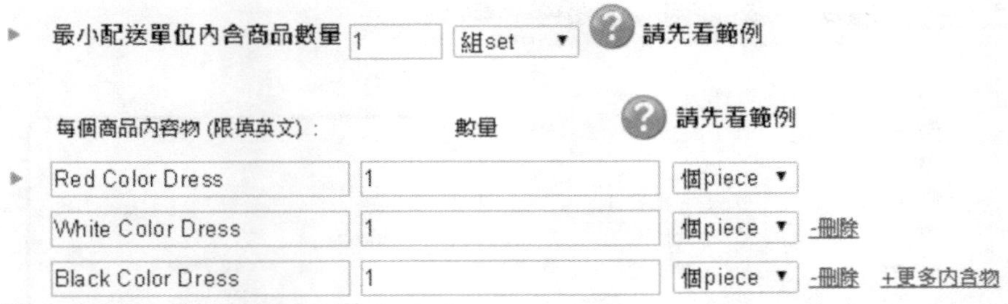

图 3 – 13

填写完“商品内容物”后，接下来是“包装数据”，您必须填写要在 B2C 电商上销售的最小单位的包装数据以及出口外箱的包装数据，请注意，最小单位的包装数据，是指这个最小单位商品的包装盒（白盒或彩盒）数据，如本例中的拐杖，此处填写的不是拐杖的尺寸，而是拐杖包装盒的长、宽、高及重量（图 3 – 14）：

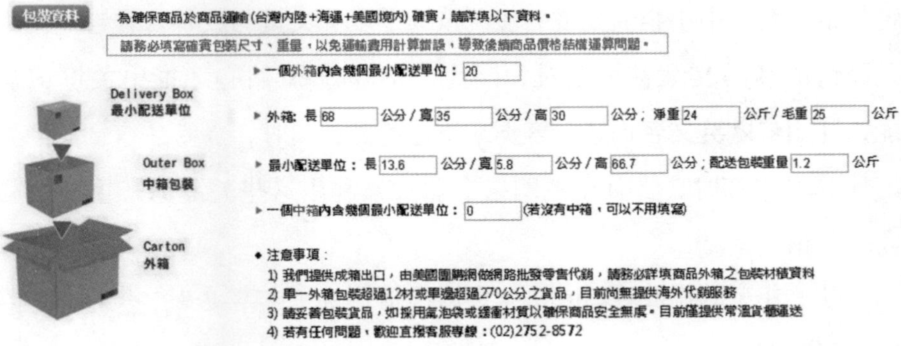

图 3 – 14

就笔者观察，此处最容易发生填写疏忽，虽然 WeGoLuck 已内建智能侦错机制，但使用者还是要格外注意，别发生尺寸单位搞错或填写错误的状况。若最小配送单位的包装数据容易取得，请务必填写（图 3 – 15）：

何谓“关键词小帮手”？此处隐含了 WeGoLuck 对出口产业的用心

图 3－15

与巧思，因为对制造商而言，过去与海外采购洽谈时，只要说明商品关键规格，若要中小企业主或一般制造商以全英文撰写数种合宜当地文化及民情的商品文案甚为艰难，因此，WeGoLuck 贴心地推出关键词功能，让用户以英文名词或形容词来叙述商品；同时，当商品信息汇接到海外 B2C 电商时，将有在地网络专业卖家利用这些关键词来重新撰写商品营销文案。

以上几大项基本数据填写完毕后，请点选“下一步”，点选后若停留在原页面，表示当中有某些信息遗漏或错误，可注意页面中出现的红字标记处，修正后即可前往下一步。

（3）填写商品规格与上传相片

何谓“销售种类”？就是俗称有几种款式可以挑选，以 WeGoLuck 的说明为例（如下图），成衣通常有颜色与尺寸的分别，此时，先填上“Color”这个销售种类并填写颜色规格，当有多种颜色时，直接点选右侧“＋更多规格明细”，即可填上其他颜色的规格；填完颜色后，点选左下方的“+增加种类”，将会跳出新的种类，再填入“Size”这个销售种类并填写尺寸规格，如此，便可产生 3 种颜色及 3 种尺寸，总共 9 种销售规格的商品（图 3-16）：

图 3-16

以笔者所选用的“拐杖”范例，是以颜色作为销售种类，因此填写如下图（图 3-17）：

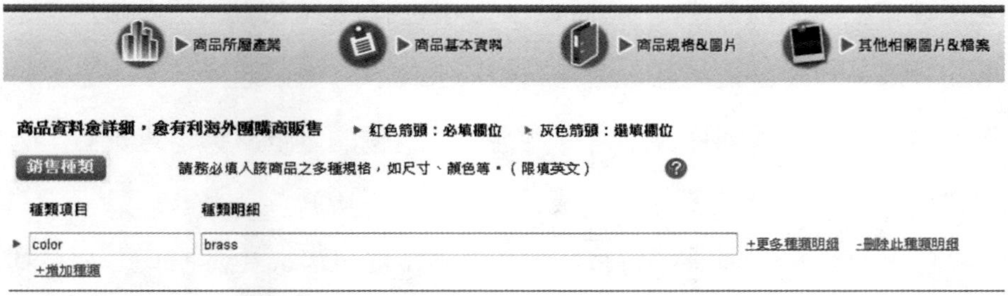

图 3-17

接下来，请填写商品的真正规格（Spec.），使用者可在三种陈述方式中选填一种即可，若该商品已有制作精美的英文文宣数据，可直接使用右侧的档案上传功能即可。笔者将基本的拐杖规格，如材质、尺寸、荷重力等以条例式方式填写于“商品规格”选项中，另外，笔者在“商品叙述”处追加填写较为口语的商品使用感受。

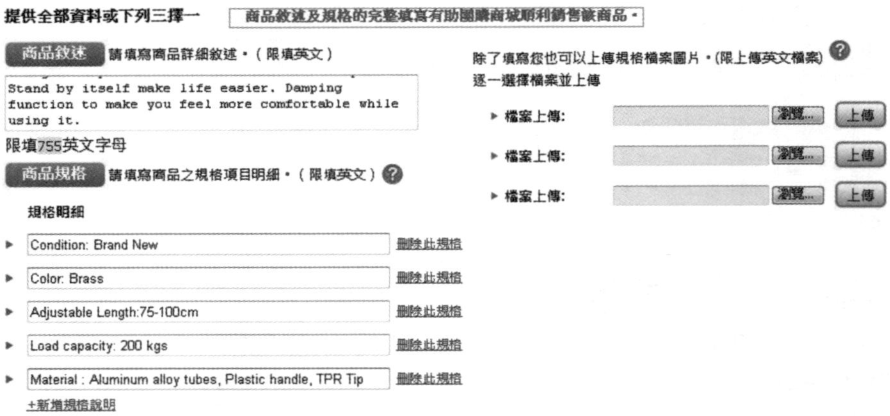

图 3－18

填完规格后，直接进入商品的重头戏——照片，笔者发现 WeGoLuck 有别于一般国内电商会限制照片的张数，它是开放式地鼓励制造商上传多种角度的精美照片，深究其原因，当制造商提供多张照片来营销时，不同的海外 B2C 电商可以自由选择曝光及商品营销的方式，增加有效曝光度。请注意，当完成档案上传后，务必选择其中一张照片作为该商品的默认图片，用户可点选照片右侧的方框后，再点选右上方的“勾选设定为默认图片”完成设定（图 3－19）。

接下来，为刚刚建立的各种销售种类选取对应的代表照片，如果使用者的商品有颜色的种类分别，切记选择正确的颜色照片。同时，若使用者本身有自己习惯的商品编号，可于此处填写，以方便日后浏览商品出口或销售状况。

（4）附件数据、影片或 Q&A

最后这个步骤是让使用者为商品加分之用，如果商品具有商标、附件数据、影片介绍或商品 Q&A，可逐一填写。

图 3－19

①商标：一般制造商容易搞混商标与品牌的差异，若您为该商品推出一个品牌，但并未前往商标局申请商标专利，则它仅为一个品牌，在国际进出口时视为无品牌（no brand）商品；但若您为了这个品牌申请了商标，您可取得一个在品牌右侧的®标记，此时，出口申报时，务必附上您的商标证书。

②附件数据：出口制造商长年参展，因此若已有制作精美的商品 DM，可直接上传档案供美国网络专业卖家参考。除此之外，若该商品有得奖或专利等，亦可将相关资料上传，将有助于海外商品营销（图3－20）。

③影片介绍：拜影像技术的便利性所赐，目前透过短片来进行公司形象或商品应用的企业大有增长，尤其盛行于具 DIY 组装或使用特性的商品，使用者先将已完成之短片上传至 YouTube 网站，再将 YouTube 链接复制于空格内即可完成。

④商品 Q&A：若制造商在销售商品时，有常被询问的问题及标准答案者，可直接填写供美国网络专业卖家参考，请注意，必须全英文填写。

图 3－20

若无上述附件数据者，可直接跳过此步骤并点选最下方的“完成”按钮即可（图 3－21）。

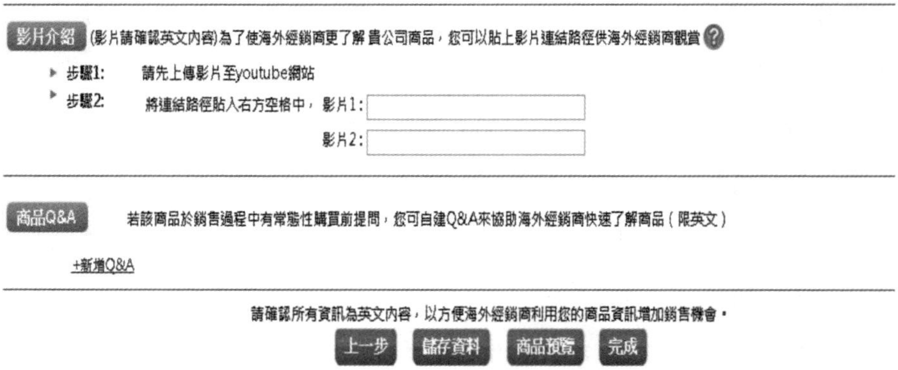

图 3－21

若制造商在填写商品数据的过程中，数据不全或临时中断者，可随时点选页面下方的“储存数据”按钮，平台会将已填写完成的部分进行储存并保留于“商品草稿”中，以免您花费时间再重新填写。

请务必在最后要点选“完成”按钮，否则平台会认为您尚未填写完毕，则会将商品数据暂存在“商品草稿”中。

当点选“完成”按钮后，会跳出如下：是否申请市场分析报告的对话窗口，可选择申请或拒绝，笔者将于下一步骤详细解说何谓“市场分析报告”。当完成上述动作后，会立即产生完整的商品页面（图 3－22）。

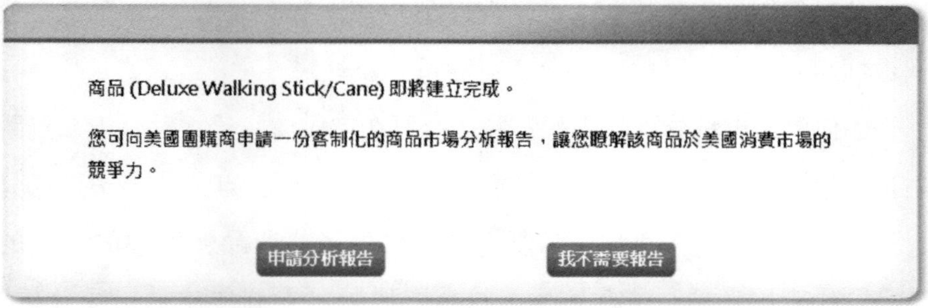

图 3－22

使用者可看到 WeGoLuck 实时运算后的市场建议售价，若您要调整商品的“供应价格”或“美国在地专业卖家的代销佣金”，直接点选上图的“调整价格”按钮即可重新定价（图 3－23）。

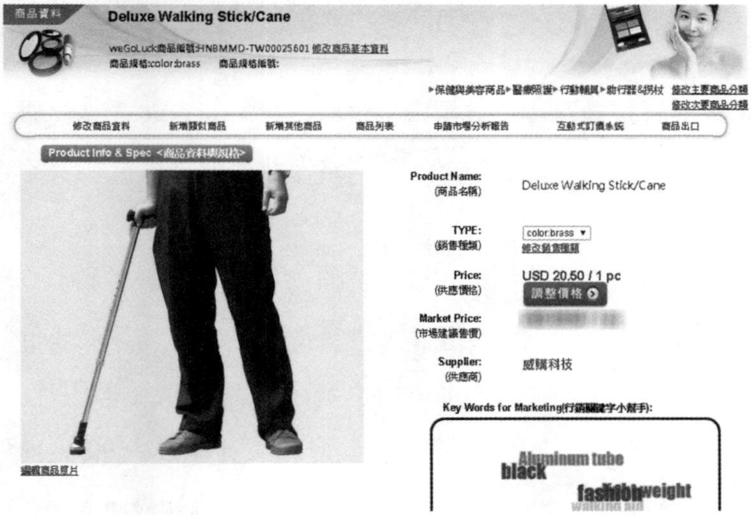

图 3－23

2. 市场定位

制造商决定将某一商品委托美国专业网络卖家代销前，WeGoLuck要求制造商必须先了解海外竞争对手信息及商品的最新销售情报，以便善用定价机制或拟定市场营销策略，因此WeGoLuck会协助制造商就单一商品进行海外销售数据比对（数据源为美国Amazon及eBay的成交数据数据库）（图3-24）。

如何申请市场分析报告呢？制造商可在完成商品建立时，当系统跳出是否申请市场分析报告的对话窗口时（如上图），点选‘申请市场分析’按钮，若未在当下申请，制造商亦可先至“商品管理”的“我的商品”中点选商品，在商品全页的上方横幅可看到“申请市场分析”按钮。

当您点选“申请市场分析”按钮时，将跳出如下信息检查画面，您必须在申请前再次确认“曝光产业分类”、“商品名称”、“包装数据”及“关键词”等信息是否填写正确，以降低比对结果失当。申请后，报告将于7~10个工作日内完成，完成后将由WeGoLuck发送email通知。

“市场分析报告”中究竟揭露多少信息呢？笔者以“夹便器”为例做说明，该商品的“供应价格”、“网络专业卖家进货价”及“市场建议售价”如下（图3-25）。

（1）申请日前90天内的市场价位的竞争对手

WeGoLuck会自“网络专业卖家进货价”至“市场建议售价”的价格带进行数据比对，列出该水位内之竞争商品信息（含照片、品名、简易规格、网络零售价及运费等），同时，统计在过去90天内的成交总金额、成交数与平均成交率。由此，制造商可得知最新的海外网络零售市场销售现状及商品需求度（图3-26）。

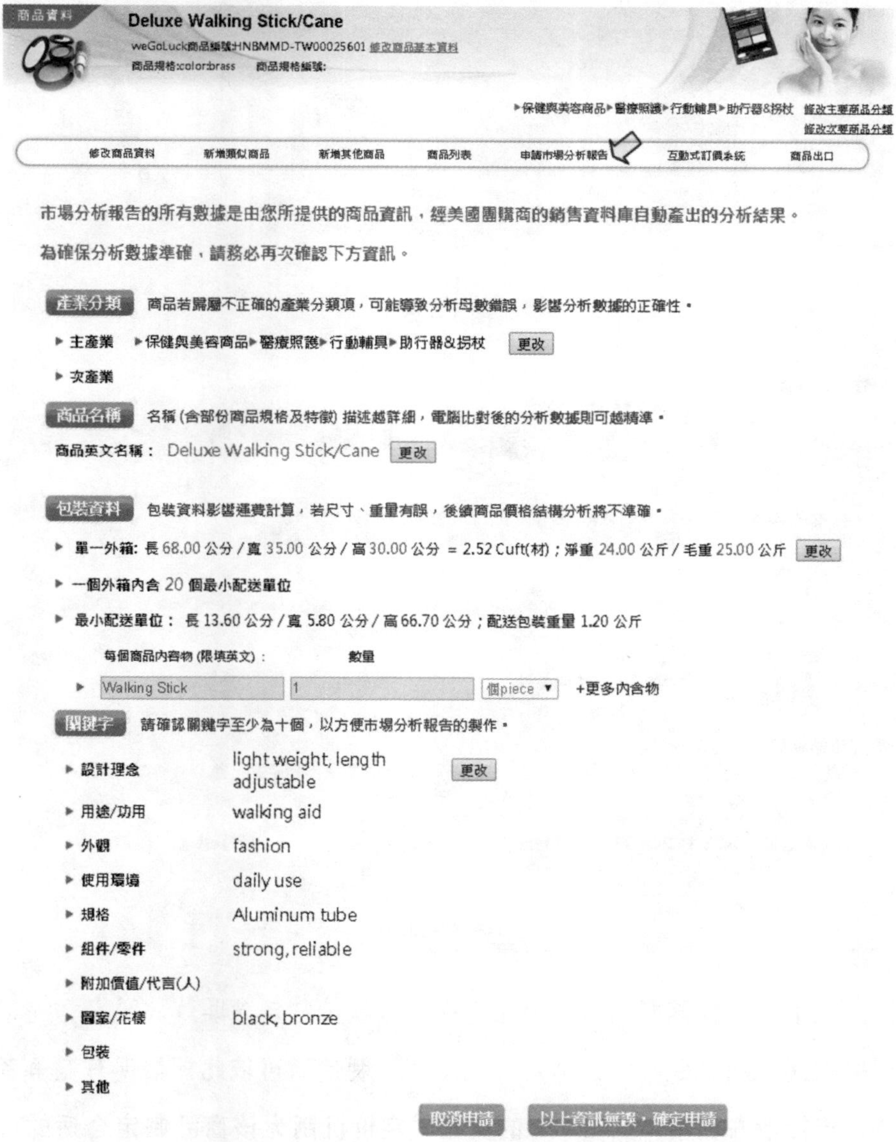

图 3－24

（2）同构型商品的竞争对手及其市场平均零售价

除了价格比对外，同时进行该商品的特性比对，筛选后列出类似规

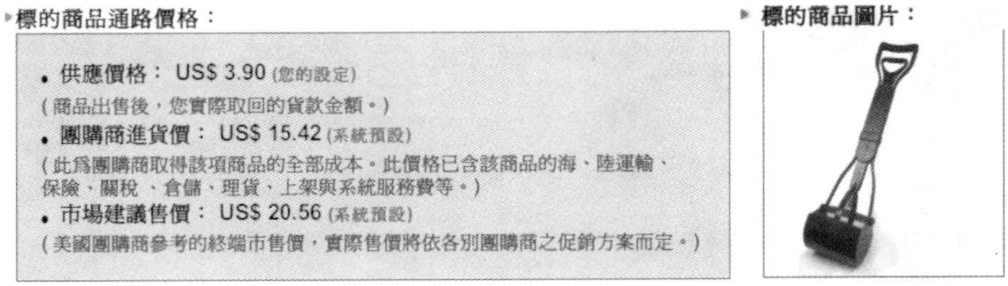

图 3－25

图 3－26

格的竞争者以及该群同构型商品之平均零售价，包含照片、品名、完整规格叙述、网络零售价、运费及成交率。**制造商可依此评估现有竞争者之零售行情并利用 WeGoLuck 的交互式定价机制为该商品制定合适的价格（图 3－27）**。

就本案例而言，供应价格为 3.9 美元的商品，依 WeGoLuck 试算结果得出市场建议售价为 20.56 美元（内含全美 48 州内陆运费），相当于 5 倍的贸易水差，然就成交资料比对得知，同构型商品的零售均价为

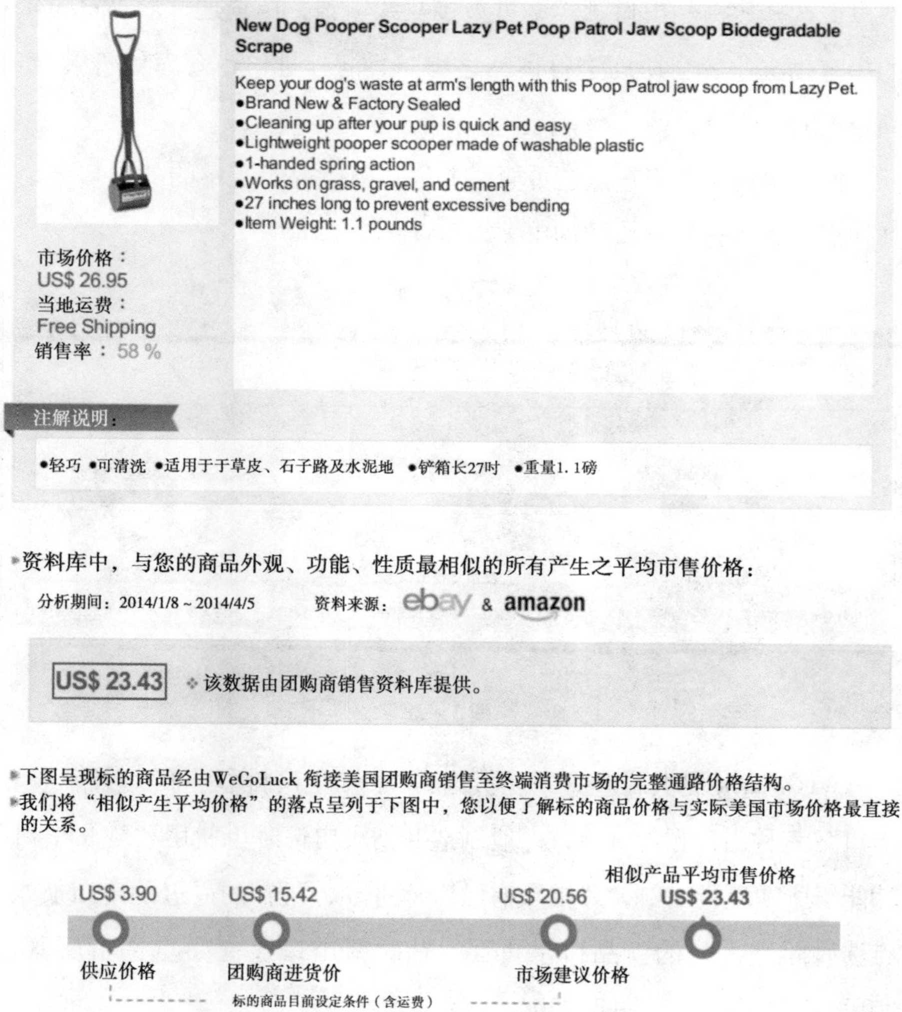

图 3－27

23.43 美元，这表示制造商在不破坏市场行情的考虑下，可审慎评估是否调整原设定价格。

3. **申请出口**

当制造商完成商品建置且获得该商品之市场分析报告后，若制造商有意愿选择该商品出口试卖，可直接在线申请，申请通过后 WeGoLuck 的指定物流业者会协助进行商品之出口、海外进口、仓库代管暨全美 48 州内陆配送等。

如何申请出口呢？点选页面左上角“出口管理”中的“出口申请”按钮后，即可进行出口预约申请程序（图 3－28）。

图 3－28

WeGoLuck 提供制造商“现货出口”、“生产排程出口”及“整柜出口”三种出口预约选择，一般制造商初次申请时可使用“现货出口”功能。所谓现货出口，意指厂商已有库存品，可预约最近的出口航次，点选后即进入您的商品目录页面，针对要出口之商品点选右侧蓝色“我要出口”按钮（图 3－29）。

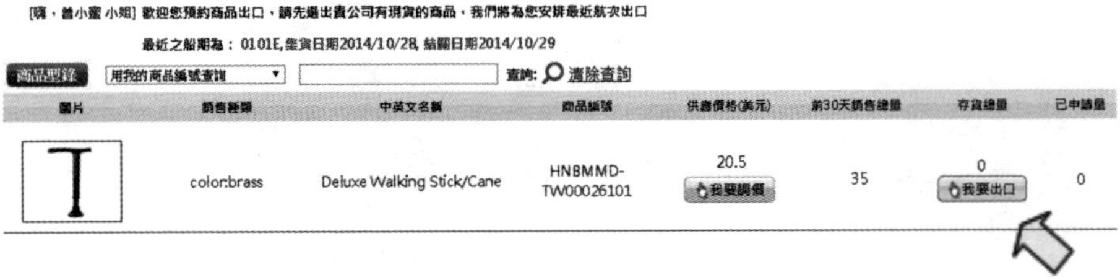

点选“我要出口”按钮后，即跳出选择“集货点”窗口。目前

WeGoLuck 与 DHL 合作，开放桃园与高雄两大仓储点供制造商集货并柜。

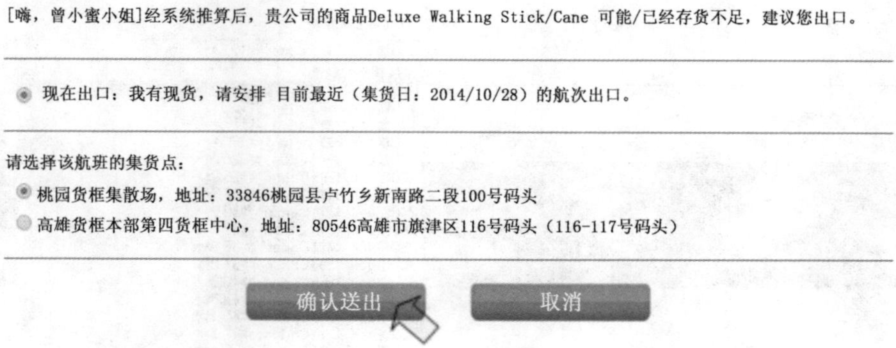

图 3 – 29

点选“确认送出”后，接下来，请选择预约出口的数量，使用下拉式选单选取适当的预约数量。单一商品之最小出口量为 100 个最小单位或 80 材，相当于出口制造商习惯的试样单，以本商品为例，材积较小，故以 100 支拐杖为最小预约数量。

点选“确认送出”后，即进入预约单浏览页面，首先检查供货商数据是否正确，接下来，填写出口联络人数据以及条形码收件地址，最后检查预约的商品、商品金额与数量是否正确，确认无误后，点选“预约出口单”。

（1）出口联络人数据

若遇制造商的组织架构中分有业务部与进出口部，或非厂办合一者，其负责商品出口的窗口与执行业务的窗口可能非同一人，填写时可与 DHL 或报关行联系商品出口程序之窗口数据。（图 3 – 30）

（2）条形码收件地址

商品自 DHL 台湾集货起，皆是以商品品号及条形码进行管理，因

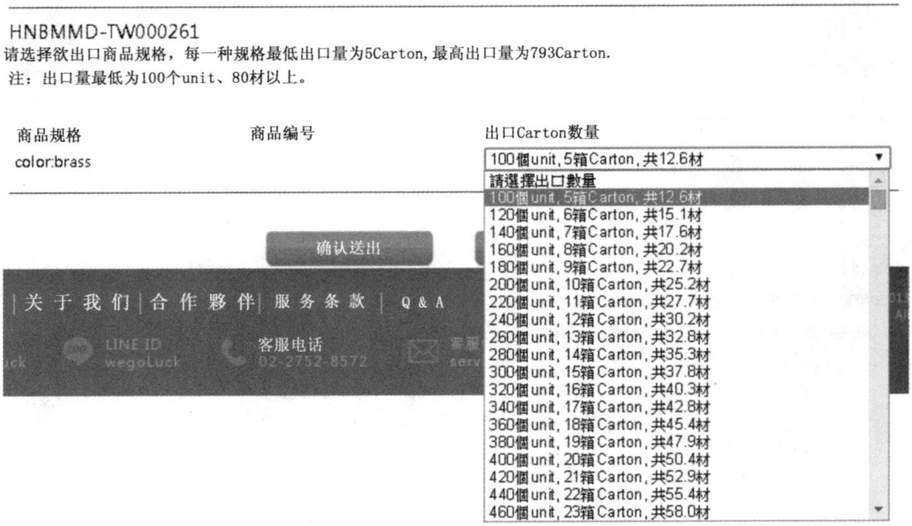

图 3－30

此，请填写条形码收件地址，以便 WeGoLuck 在出口前会寄送条形码给制造商粘贴（图 3－31）。

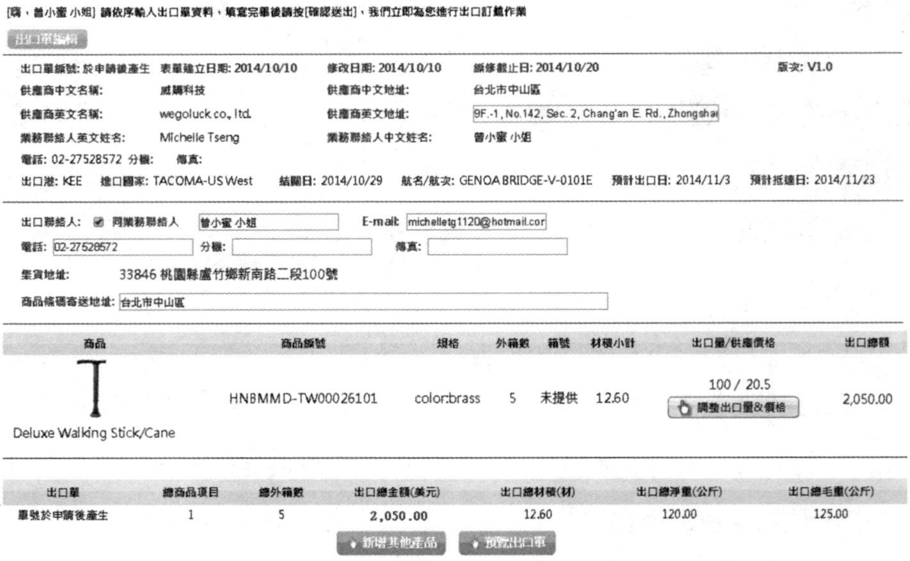

图 3－31

点选“预览出口单”后，即产生出口单预览页面（图 3－32）。

图 3－32

点选“确认申请”后，即跳出如下提示窗口，凡遇出口预约动作者，系统会立即 email 通知公司的主管，并保留 24 小时内的审核期，企业主可于此期间取消预约，24 小时后未取消预约者，该单生效。WeGoLuck 善用了中小企业的管理机制，不仅降低了企业主对在线预约出口的疑虑与公司风险，也降低了操作窗口的行政压力（图 3－33）。

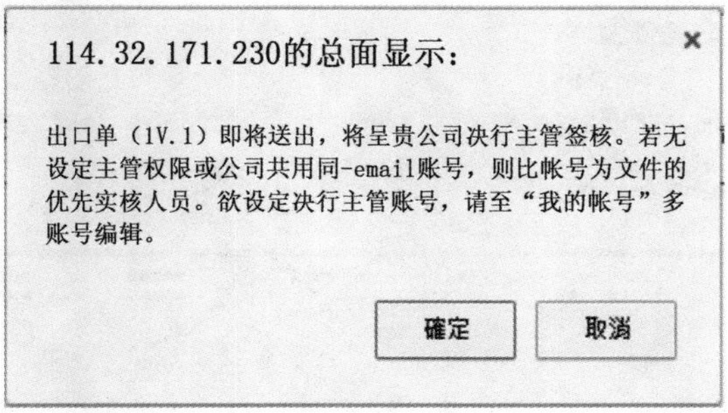

图 3－33

点选“确定”后，立即产生如下的预约单出口程序时间轴。制造商可一目了然该预约单之出口进度，且 WeGoLuck 可在线产生出口档（Invoice & Packing List），大幅降低制造商出口时的作业时间及人为错误（图 3－34）。

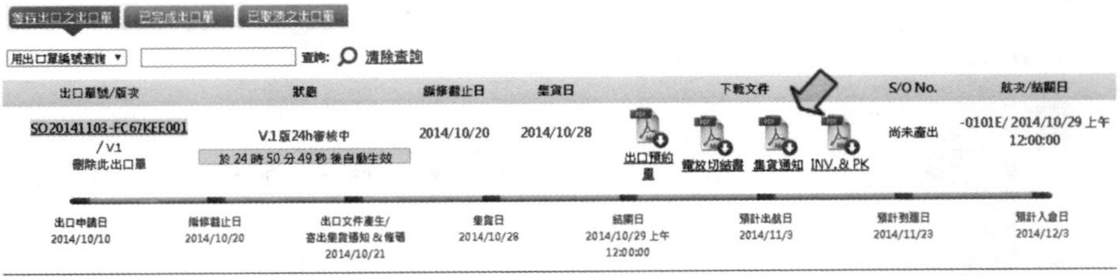

图 3－34

接下来，随着时间轴的演进，制造商可下载相关档（上方四项文件按钮由灰色变为绿色即可下载）送交指定报关行，DHL 及其报关行会协助制造商完成出口程序。

4. **海外仓储**

如下方时间轴，商品经 DHL 台湾集货、出口报关、海运航行、美国进口清关完成并拖曳至指定仓储点，制造商可随时追踪商品的运送状态（图 3－35）。

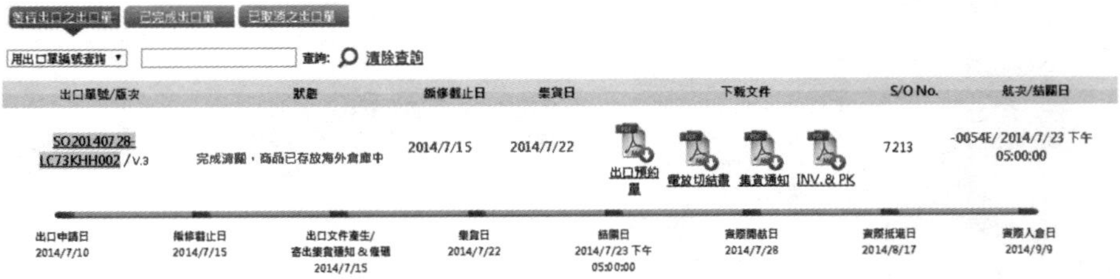

同时，制造商可点选“存退货管理”中的“存货管理”即可浏览商品的存货状况。

点选“仓库存量”的数字，即可浏览该出口单，明细如下（图 3－36）。

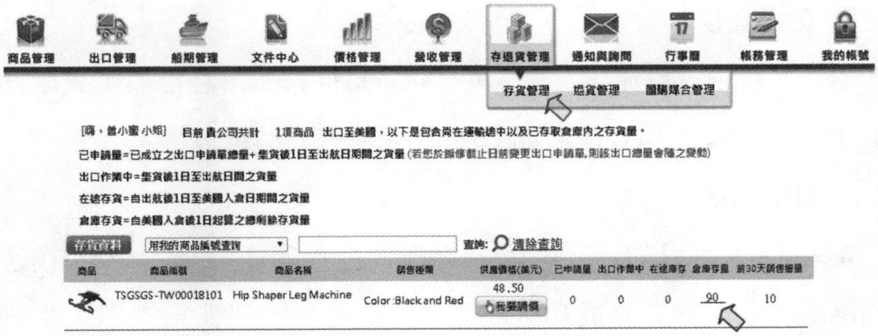

图 3－35

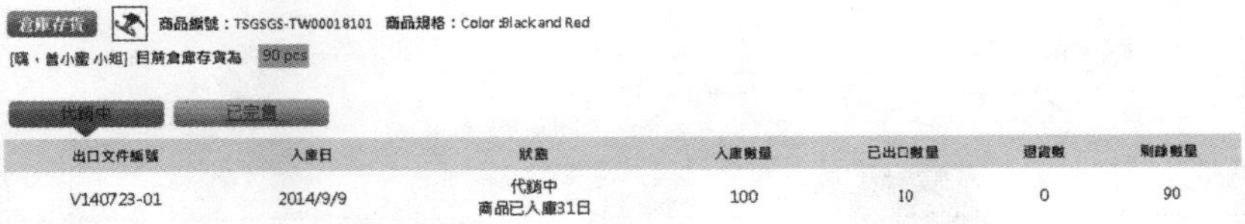

同时间，制造商可点选“营收管理”内的“营收报表”，即可浏览商品营业额及销售。

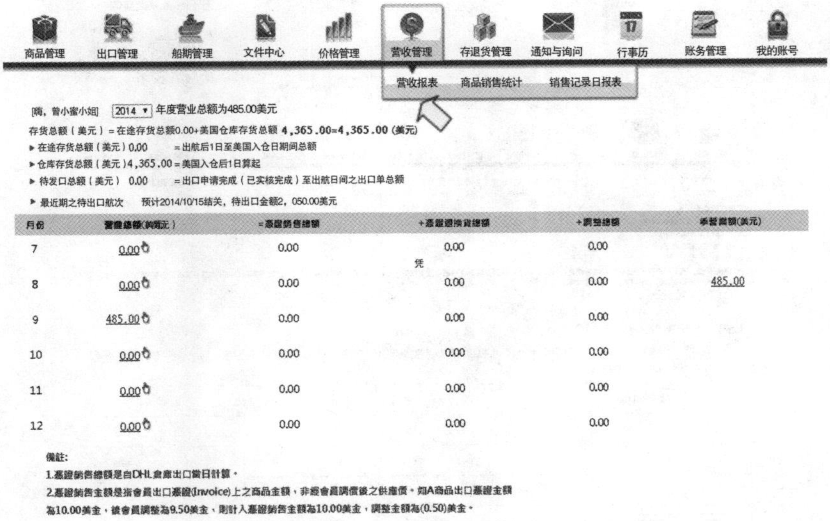

图 3－36

5. 在线直售

当商品自中国台湾出口后，WeGoLuck 将商品信息汇接至美国网络专业卖家，并经由 B2C 电商如 eBay 开始进行商品销售。

6. 自动结账

WeGoLuck 每月 21 日自动结算账务，上月 21 日至本月 20 日内透过美国网络专业卖家交易成功之商品，制造商可于“账务管理”中浏览当期应入账款，审核无误后，海外 Consignee 会于次月 1 日直接电汇款项至制造商指定账户（图 3 – 37）。

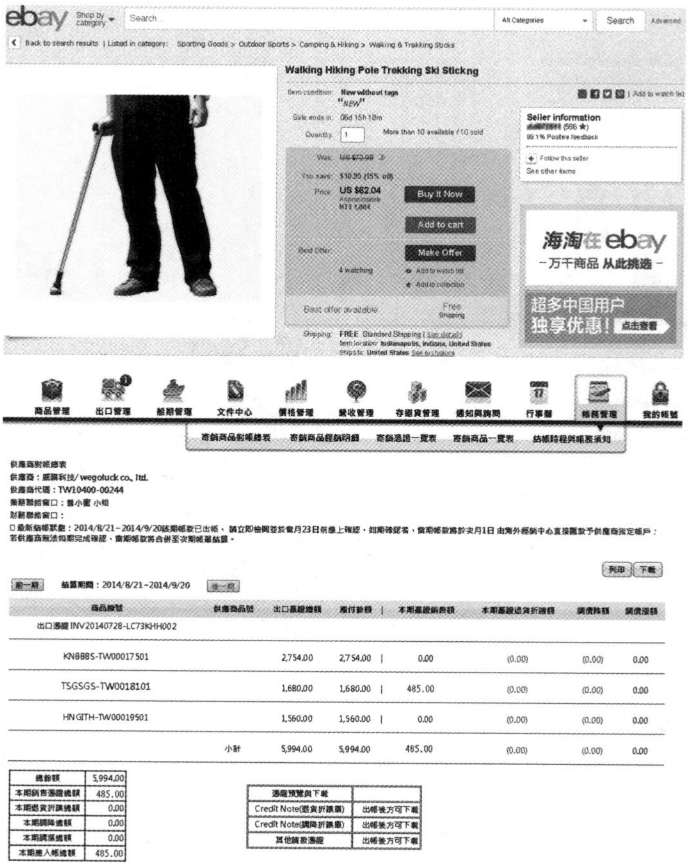

图 3 – 37

以上是 WeGoLuck 为出口制造商侨接海外 B2C 电商的平台操作导览，由六大步骤可窥见该平台对制造商的用心及创新思维，更是全球电商发展史上重要的里程碑。

3－4 曝光渠道

当制造商商品通过 WeGoLuck 在线预约，商品由 DHL 集货并自台湾出口后，将同步于海外 B2C 电商曝光暨销售，以下为数个知名 B2C 电商市集。

过去掌控在海外采购的通路权利，通过电商的通路革命后已逐渐转型，唯台湾或其他亚洲出口制造商仍受限于诸多进入门槛而无法真正在电商市场中大放异彩，笔者相信善用既有的产业实力与异业资源整合，可带领中国出口制造商企业跨越海外电商的鸿沟，重返欧美主流市场（图 3－38）。

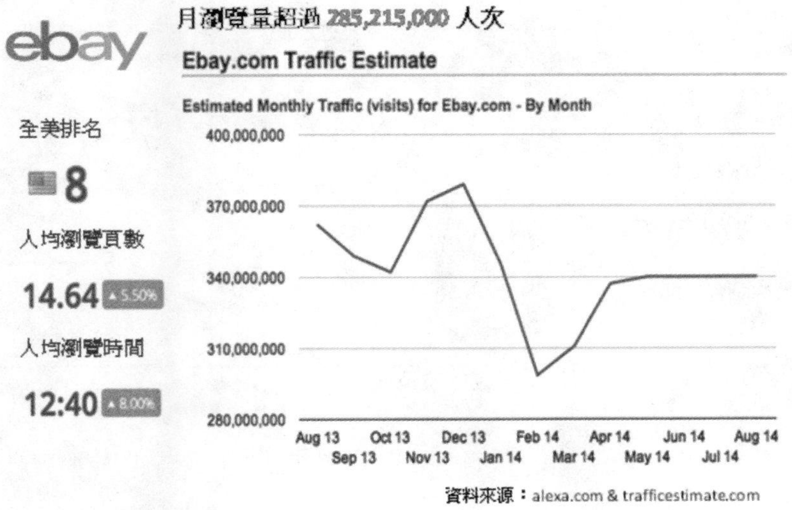

图 3－38

deals BIG BRANDS BIG SAVINGS
Hi Chen-Hua (Sign in) | Daily Deals | Sell | Customer Support
My eBay
ebay
Shop by category
Search...
All Categories
Search
Advanced
Following
Today
Motors
Fashion
Electronics
Collectibles & Art
Home & Garden
Sporting Goods
Toys & Hobbies
Deals & Gifts
deals
IT IS A BIG DEAL
Up to 60% off top brands
Free Shipping
Apple iPhone 5S
$399.99
Apple iPad Mini
$279.99
Samsung Galaxy
$449.99
Wii U 32GB Black...
$259.99
deals
BIG BRANDS. BIG SAVINGS.
Great deals on home, tech, fashion, and more
Shop now

amazon
月瀏覽量超過 732,947,000 人次
Amazon.com Traffic Estimate
Estimated Monthly Traffic (visits) for Amazon.com - By Month
全美排名
5
人均瀏覽頁數
11.24 ▲3.90%
人均瀏覽時間
8:58 ▲2.00%
1,200,000,000
1,000,000,000
800,000,000
600,000,000
400,000,000
Aug 13
Sep 13
Oct 13
Nov 13
Dec 13
Jan 14
Feb 14
Mar 14
Apr 14
May 14
Jun 14
Jul 14
Aug 14
資料來源：alexa.com & trafficestimate.com

图 3－39

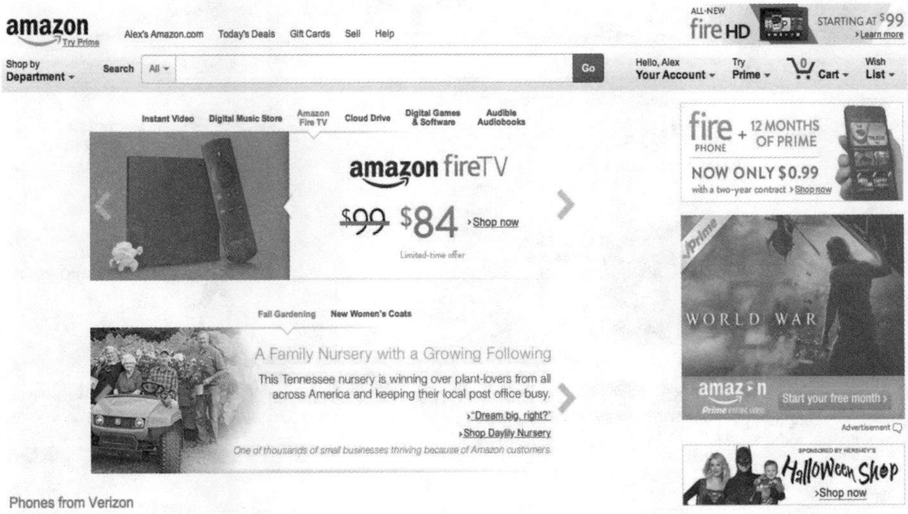
amazon
Try Prime
Alex's Amazon.com
Today's Deals
Gift Cards
Sell
Help
ALL-NEW
fire HD
STARTING AT $99
Learn more
Shop by Department
Search
All
Go
Hello, Alex
Your Account
Try Prime
Cart
Wish List
Instant Video
Digital Music Store
Amazon Fire TV
Cloud Drive
Digital Games & Software
Audible Audiobooks
amazon fireTV
$99 $84
Shop now
Limited-time offer
fire PHONE + 12 MONTHS OF PRIME
NOW ONLY $0.99
with a two-year contract
Shop now
WORLD WAR
Start your free month
Advertisement
Fall Gardening
New Women's Coats
A Family Nursery with a Growing Following
This Tennessee nursery is winning over plant-lovers from all across America and keeping their local post office busy.
"Dream big, right?"
Shop Daylily Nursery
One of thousands of small businesses thriving because of Amazon customers.
Halloween Shop
Shop now
Phones from Verizon

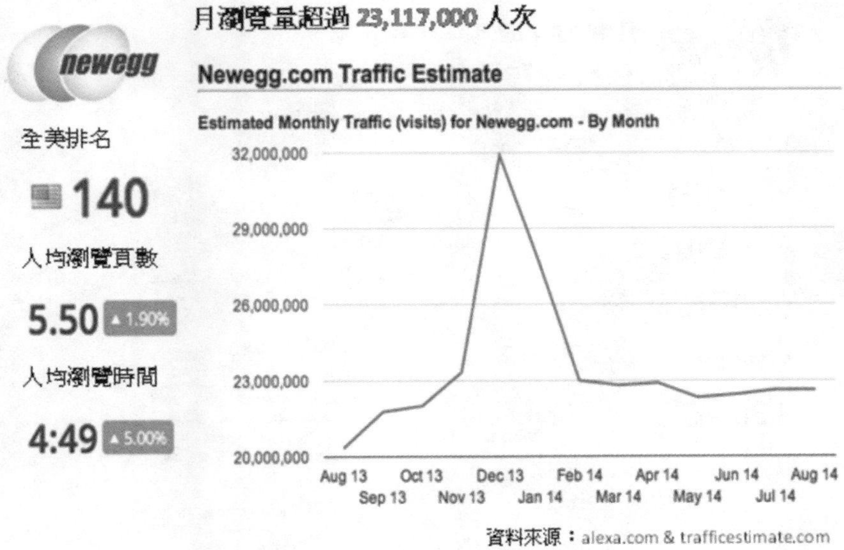
月瀏覽量超過 23,117,000 人次
newegg
全美排名
140
人均瀏覽頁數
5.50
1.90%
人均瀏覽時間
4:49
5.00%
Newegg.com Traffic Estimate
Estimated Monthly Traffic (visits) for Newegg.com - By Month
32,000,000
29,000,000
26,000,000
23,000,000
20,000,000
Aug 13
Sep 13
Oct 13
Nov 13
Dec 13
Jan 14
Feb 14
Mar 14
Apr 14
May 14
Jun 14
Jul 14
Aug 14
資料來源：alexa.com & trafficestimate.com

图 3－40

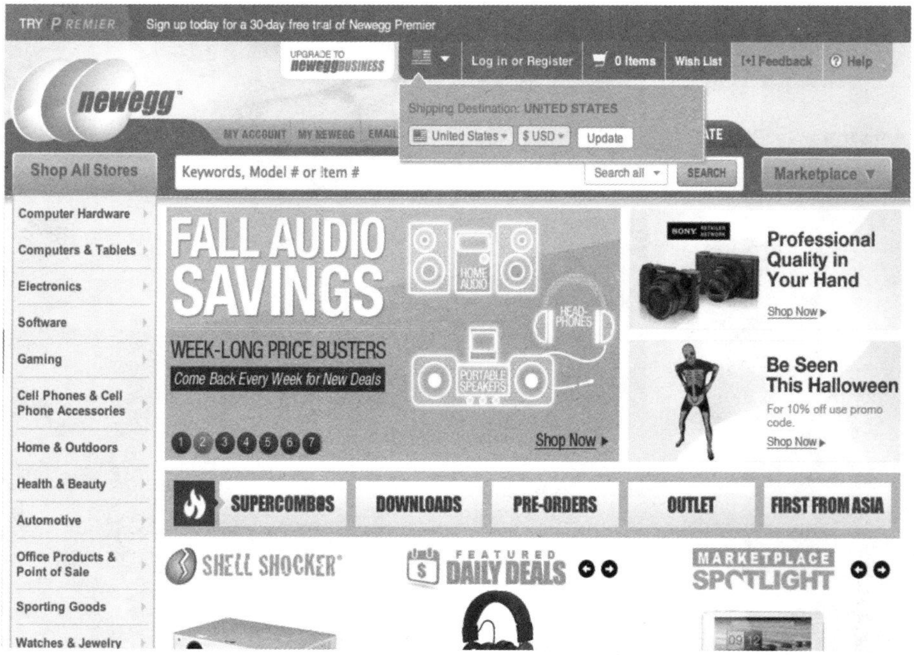
TRY PREMIER Sign up today for a 30-day free trial of Newegg Premier
UPGRADE TO neweggBUSINESS
Log in or Register
0 Items
Wish List
[+] Feedback
Help
newegg
Shipping Destination: UNITED STATES
United States
$ USD
Update
MY ACCOUNT
MY NEWEGG
Shop All Stores
Keywords, Model # or Item #
Search all
SEARCH
Marketplace
Computer Hardware
Computers & Tablets
Electronics
Software
Gaming
Cell Phones & Cell Phone Accessories
Home & Outdoors
Health & Beauty
Automotive
Office Products & Point of Sale
Sporting Goods
Watches & Jewelry
FALL AUDIO SAVINGS
WEEK-LONG PRICE BUSTERS
Come Back Every Week for New Deals
HOME AUDIO
HEAD-PHONES
PORTABLE SPEAKERS
Shop Now
SONY
Professional Quality in Your Hand
Shop Now
Be Seen This Halloween
For 10% off use promo code.
Shop Now
SUPERCOMBOS
DOWNLOADS
PRE-ORDERS
OUTLET
FIRST FROM ASIA
SHELL SHOCKER
FEATURED DAILY DEALS
MARKETPLACE SPOTLIGHT

iOffer
月瀏覽量超過 3,223,400 人次
Ioffer.com Traffic Estimate
Estimated Monthly Traffic (visits) for Ioffer.com - By Month
全美排名
2,901
人均瀏覽頁數
9.50 ▼15.74%
人均瀏覽時間
7:36 ▼19.00%
6,000,000
5,250,000
4,500,000
3,750,000
3,000,000
Aug 13
Sep 13
Oct 13
Nov 13
Dec 13
Jan 14
Feb 14
Mar 14
Apr 14
May 14
Jun 14
Jul 14
Aug 14
資料來源：alexa.com & trafficestimate.com

图 3－41

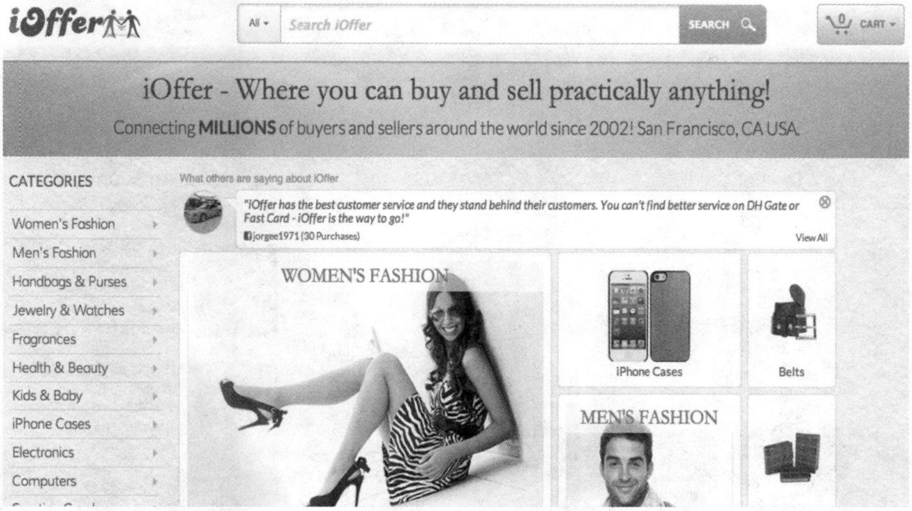
iOffer
All
Search iOffer
SEARCH
0
CART
iOffer - Where you can buy and sell practically anything!
Connecting MILLIONS of buyers and sellers around the world since 2002! San Francisco, CA USA.
CATEGORIES
Women's Fashion
Men's Fashion
Handbags & Purses
Jewelry & Watches
Fragrances
Health & Beauty
Kids & Baby
iPhone Cases
Electronics
Computers
What others are saying about iOffer
"iOffer has the best customer service and they stand behind their customers. You can't find better service on DH Gate or Fast Card - iOffer is the way to go!"
jorgee1971 (30 Purchases)
View All
WOMEN'S FASHION
iPhone Cases
Belts
MEN'S FASHION

uBid
月瀏覽量超過 321,000 人次
Ubid.com Traffic Estimate
Estimated Monthly Traffic (visits) for Ubid.com - By Month
全美排名
38,197
人均瀏覽頁數
5.00
74.81%
人均瀏覽時間
3:55
69.00%
800,000
700,000
600,000
500,000
400,000
Aug 13
Sep 13
Oct 13
Nov 13
Dec 13
Jan 14
Feb 14
Mar 14
Apr 14
May 14
Jun 14
Jul 14
Aug 14
資料來源：alexa.com & trafficestimate.com

图 3－42

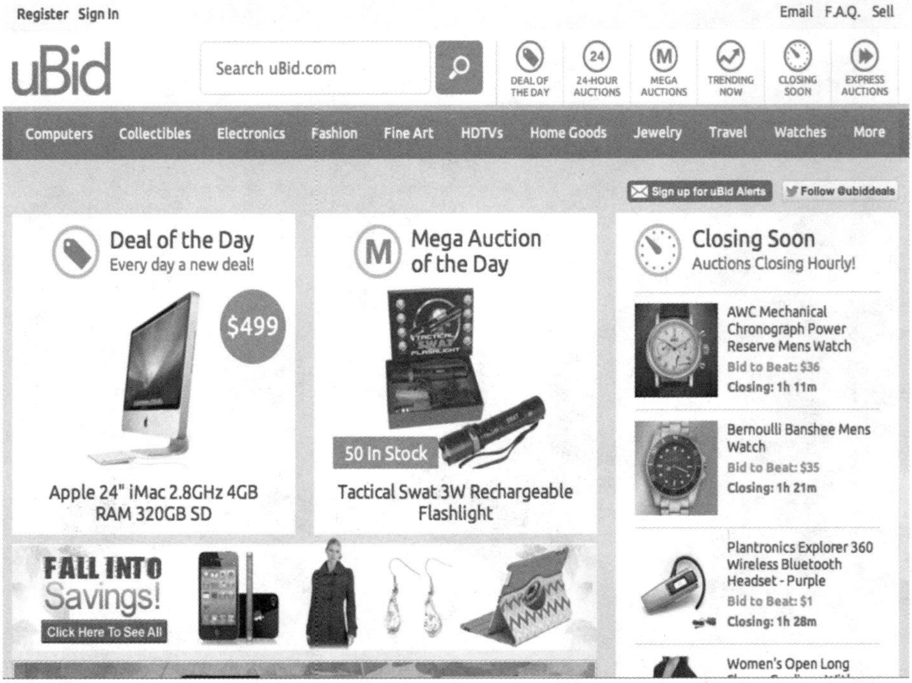
Register Sign In
Email F.A.Q. Sell
uBid
Search uBid.com
DEAL OF THE DAY
24-HOUR AUCTIONS
MEGA AUCTIONS
TRENDING NOW
CLOSING SOON
EXPRESS AUCTIONS
Computers Collectibles Electronics Fashion Fine Art HDTVs Home Goods Jewelry Travel Watches More
Sign up for uBid Alerts
Follow @ubiddeals
Deal of the Day
Every day a new deal!
$499
Apple 24" iMac 2.8GHz 4GB RAM 320GB SD
Mega Auction of the Day
50 In Stock
Tactical Swat 3W Rechargeable Flashlight
Closing Soon
Auctions Closing Hourly!
AWC Mechanical Chronograph Power Reserve Mens Watch
Bid to Beat: $36
Closing: 1h 11m
Bernoulli Banshee Mens Watch
Bid to Beat: $35
Closing: 1h 21m
Plantronics Explorer 360 Wireless Bluetooth Headset - Purple
Bid to Beat: $1
Closing: 1h 28m
Women's Open Long
FALL INTO Savings!
Click Here To See All

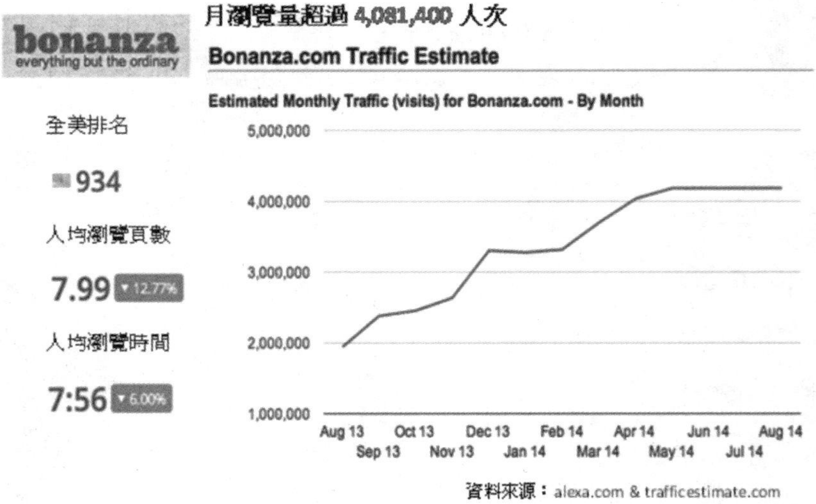
bonanza
everything but the ordinary
月瀏覽量超過 4,081,400 人次
Bonanza.com Traffic Estimate
Estimated Monthly Traffic (visits) for Bonanza.com - By Month
全美排名
934
人均瀏覽頁數
7.99
12.77%
人均瀏覽時間
7:56
6.00%
5,000,000
4,000,000
3,000,000
2,000,000
1,000,000
Aug 13 Oct 13 Dec 13 Feb 14 Apr 14 Jun 14 Aug 14
Sep 13 Nov 13 Jan 14 Mar 14 May 14 Jul 14
資料來源：alexa.com & trafficestimate.com

图 3－43

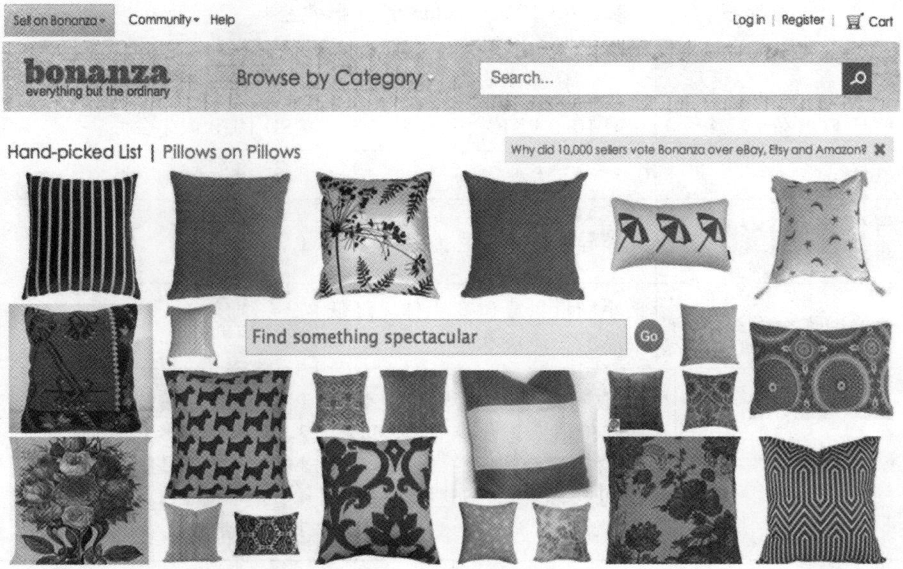

图3－44

3－5　WeGoLuck 服务之产业群及台湾精品代表

每一家电商业者都有其公司使命与服务客群，WeGoLuck 与现今市面上的跨境电商迥异的是它专注在提供 B2B 服务给出口制造商对海外 B2C 电商的衔接，更以扶植产业外销与品牌推广的态度将通路主控权交给制造商，并实现还利于制造商的公平贸易。

WeGoLuck 服务包括家居用品、宠物用品、婴幼儿用品、旅游与运动用品、汽机车零配件等十二大产业，目前分属两大产业群，其商品特性与 WeGoLuck 带来的效益分述如表3－3 所示。

表 3-3 WeGoLuck 产业群效益

	微型及小型货件	中大型货件
单品 FOB 价	USD 10.0 以下	USD 10.0 以上
单品包装材积	0.5 cubic feet 以下	0.5 cubic feet 以上
与传统贸易相较的获利	无差异，曝光广告为主	1.2~8 倍
建议销售方式	采小额批量或包套为佳，降低单品的物流成本	物流比重低，可零售或批发
WeGoLuck 带来的效益	1. 取得高曝光的机会，奠定品牌价值，与低价市场做区隔 2. 营销自有特色 3. 可接轨中小型进口商的采购需求	1. 单品获利较传统贸易高 2. 营销方式多元 3. 推广自有品牌 4. 亦可在 B2C 电商中获得其他通路或批发商的青睐

上表中就“中大型货件”所载之营销方式多元，源自于商品透过 WeGoLuck 跨境贸易至海外 B2C 电商做商品直销时，因通路精简后，商品获利弹性大，因此供货商可以在价量上进行各式营销手法，分析如下。笔者以商品实例做说明，为保护厂商既有客户及通路，不在此揭露厂商资料。

- 该商品的生产成本是每组 80 美元，在传统贸易上的 FOB 出口报价约为每组 100 美元，透过传统贸易通路售出商品后每组可获利 USD 20。
- 经调查，在 eBay 及 Amazon 的电商市场零售价为 USD 480~500。
- 保留 15.5% 作为美国专业网络卖家的代销佣金，经 WeGoLuck 交互式定价机制实时试算通路成本，得出该商品的市场建议售价（含全美 48 州内陆运费）为 USD 235.24，与实际零售价差异悬殊。

当 WeGoLuck 平台试算的市场零售价与实际市场零售价有差异时，供货商可有如下选择。

（1）稳定市价，不变动美国专业网络卖家利润，供货商求取单品

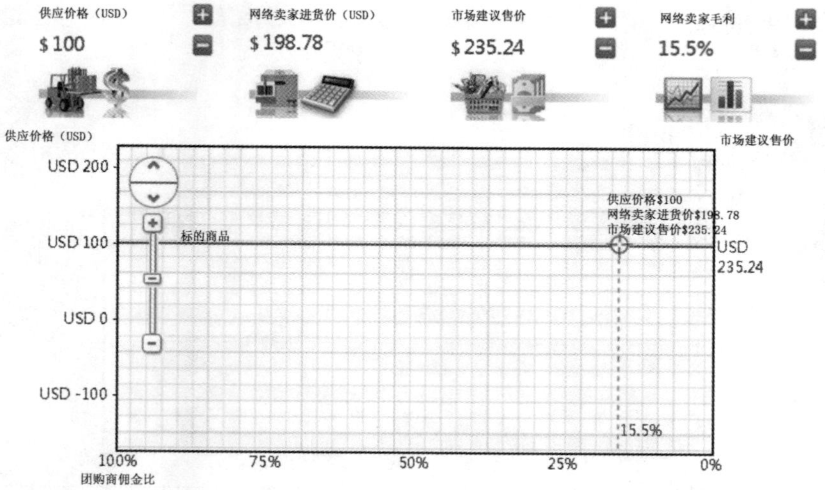

图 3－45

最高获利

依正常的市场零售价设定为 USD 499.7，此时，供货商的 FOB 价可由 USD 100 提高至 USD 266，换言之，当商品透过 B2C 电商售出后，供货商取回 USD 266，较传统贸易多出 USD 166，供货商的获利提高 930%！此时，厂商可取得单品高获利，透过 B2C 电商售出一台等于过去售出 9.3 台，不再是以 BOM 表成本加上人工管销来计价。

（2）稳定市价，释利于美国专业网络卖家，高获利也高销量

依正常的市场零售价，但提高保留给美国专业网络卖家的销售佣金，自 15.5% 提高至 20.0%，则供货商的 FOB 价可由 USD 100 提高至 USD 249，当商品透过 B2C 电商售出后，供货商获利较传统通路提高 845%，但销售数量可能高于做法 1，因为供货商保留了 20% 给美国专业网络卖家，此时，他们可能为该商品做 Banner 广告或其他推荐精品的重点曝光等，以便提高销售量的同时，他们也可受益，正如俗谚中所称：重赏之下，必有勇夫。

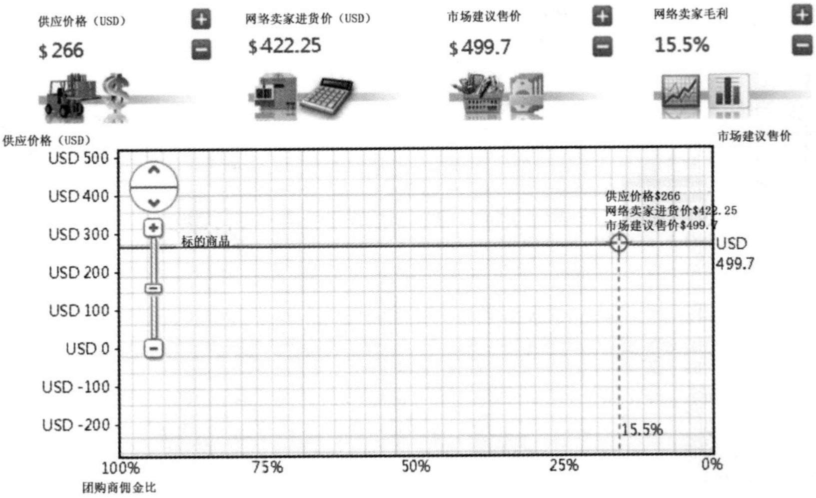

图 3－46

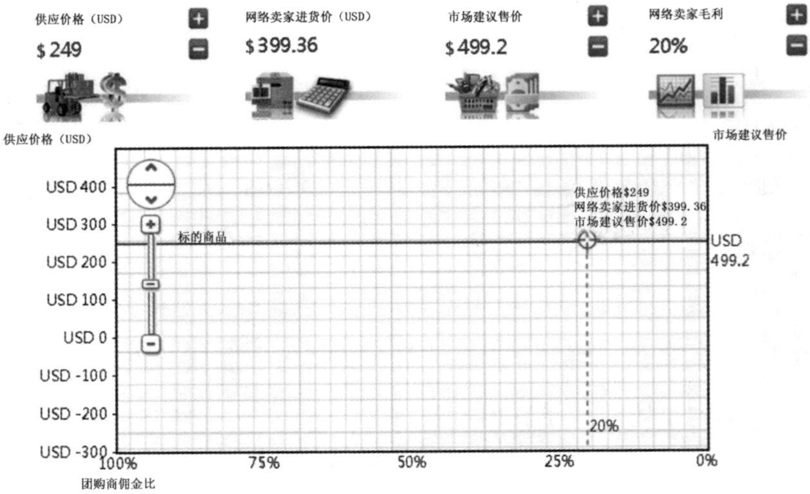

图 3－47

（3）促销取量

依平台试算价格代销，此时，供货商在商品自海外 B2C 电商售出后，取回 USD 100，与传统贸易之获利相同，但因该市场零售价 USD 235. 24 与实际市场零售价 USD 480 ~ USD500 落差悬殊，可能会造成消费者抢购的热潮，可能会影响既有传统通路的客户。在此情况下，表示供货商希望维持原获利，拉低市场价格，全力冲刺销售数量并大力推广品牌。

当出口制造商可以自商品销售取得良好获利时，制造商得以将获利做适当的应用或适度市场营销，如购买 Google 广告，购买知名商标（如迪士尼）做代言或限量款，进行一系列品牌推广活动，投入新设计或新应用以开发更具经济价值的商品等，制造商可以真正为企业及商品做更好的规划，而不是永远停留在代工或削价抢单的恶性循环中。

以下介绍几位台湾的出口制造商及其精品代表。

益启祥实业有限公司（YCH Ind. Corp.）

- 创立时间：1989 年。
- 企业背景：初期创业从事五金安全挂钩的生产销售，后来陆续延伸到船用五金（设备）、潜水五金（设备）、儿童游乐器材、老人生活辅具与医疗器材等，同时提供各种五金及塑料的 OEM/ODM 服务。
- “做人就是要勤劳、努力，就算科技再发达也要勤劳，而对人热情、热心则是必要的条件，很多小企业主拥有很好的技术，但欠缺对人的热情、热心，因此这个个性上的弱点，就成了他发展上最大的障碍。”经商数十年的叶董事长缓缓道出他的经商心得。就是这份对人的热情与热心，让他赢得了朋友和客户的信任，也让他赢得了逆转胜的契机。回顾这十几年来的点点滴滴，叶董事长感叹说：“这是个‘知识经济’的时代，‘死做无效’，人要懂得用脑袋赚钱。”从五金挂钩，一直延伸到老人辅具、医疗器材，YCH 不断延伸事业的触角，对每种产业都投入了十二分的努力与心血，期待 YCH 的产品可以为世界带来一些好的改变，更可以将台湾精品的形象遍布全球。

<table>
<tr><th colspan="2">代表作品：助行拐杖</th></tr>
<tr><td colspan="2">优异性：
1. 360 度高荷重的旋转设计可有效降低手臂的支撑伤害。
2. 助行拐杖为符合人体工学，金属管本体须可伸缩来满足使用者的身形，因此，坊间的单点式固定轴容易在使用一段时日后发生断裂危险。YCH 采用全 CNC 一体成型的金属管沟槽设计，大大强化金属管的坚固性与卡笋紧附度，使银发族可安心使用。
3. 触控感应式高亮度 LED 发光，夜间行走更放心。</td></tr>
<tr><td rowspan="4">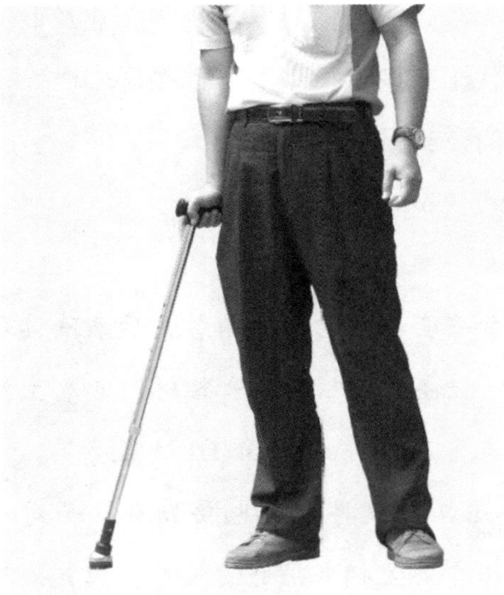</td><td>沟槽固定</td></tr>
<tr><td></td></tr>
<tr><td>专利 360 度旋转支柱</td></tr>
<tr><td></td></tr>
</table>

图 3－48

在海外 B2C 电商市场上，廉价低级的拐杖比比皆是，良莠不齐的现象促使消费者在高价拐杖上的高消费意愿，形成了中价位的真空利基市场。而 YCH 在选料、专利及人体工学上所表现出来的精湛工艺，深获国际大厂的青睐与肯定，也非常适当地透过利基市场的投入，快速打开品牌知名度并累积忠诚度，在获得市场利润回馈之余，可为高端精品的进攻奠定基础。

帝士提股份有限公司（Desity Traffic IND. Co.，Ltd.）

● 创立时间：2013 年 4 月。

● 企业背景：拥有丰富的汽车零配件设计及制造经验，可以同步与国内外 OEM 车厂开发产品。主要产品项目为铝挤型车侧踏板（Running Boards）、冲压铁件（Stamping Bracket）及铝挤代工。

● 帝士提公司在 2013 年首度参加美国 SEMA 汽车改装配件展，即荣获 2013 年媒体票选最佳产品奖的殊荣（2013 GLOBAL MEDIA AWARDS WINNER），正积极拓展 100% MIT 汽配精品至全球市场，未来的爆发性成长备受关注与期待。

代表作品：铝挤型车侧踏板	

图 3－49

多次获得设计大赏的坚强实力，正投入品牌辨识度的建立，通过电商市场营销，将耐用、风格、质量、设计与品牌形象导入美式西部风格的粗犷市场。同时，将曝光管道设定在户外玩家的社群媒体中，做出市场区隔，通过玩家层级中的标准配件建立品牌的专业形象，减少次级品、装饰品的鱼目混珠，成为户外玩家眼中的品位首选。

瀛海国际股份有限公司（Ricco Engineering International Inc.）

● 创立时间：2004 年 10 月。

● 企业背景：台湾专业生产硅材与塑材制品的公司，已通过欧规 LF-GB、美规 FDA 和法国食品容器检验标准，并已成功完成硅材与玻璃、陶、磁、不锈钢、铁及塑材的复合材开发。

● 品牌诉求：专精于“硅材——Silicon”的研发、设计与生产，坚持 100% MIT 营销多国，以改善人类生活质量为元素的设计理念，赋予商品更宽广的生命力，为环保地球尽一份力量。

<table>
<tr><td colspan="2">代表作品：折叠 WOW 壶</td></tr>
<tr><td colspan="2">优异性：
1. 环保概念的极致应用，是户外露营无明火设计的经典。可折叠式的设计非常适合露营车中受限的收纳空间，且硅材的软性特质使商品在车辆行进中不会因滑动或摔落而损坏。
2. 无毒且易清洁的先进材料，具耐高、低温的特殊性，除快速加热外，更能长时间热能储存，是户外军事级玩家不可或缺的配备。</td></tr>
<tr><td></td><td>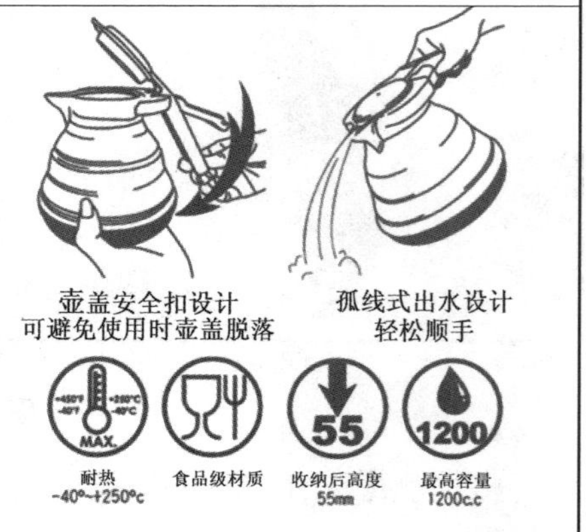
</td></tr>
</table>

图 3 – 50

在环保意识浓厚的欧美市场中，折叠 WOW 壶甫一推出即引起关注并成功定位商品及市场区隔，同时也引来劣质品的复制，但瀛海拥有全球首创的专利设计，得以在海外 B2C 电商通路及社群媒体的双营销力道下，塑造品牌价值与精品地位。

皓毅股份有限公司（IP Import Export Co.，Ltd.）

● 创立时间：1994 年。

● 企业背景：专注汽配件精品的开发与生产，是具研发、生产至销售一条龙的外销企业，商品取得多项欧规 E－mark 及美规 SAE/DOT 的光学认证。标准化的生产制程与管理，对商品的细腻要求与包装质感，将 MIT 精致实现；独创且新颖的设计，屡屡在展览场中受到国际买主与媒体的关注。

代表作品：Toyota 86 / Subaru Brz / Scion FR－S LED 改装尾灯	
优异性： 1. 采用 Light－Bar 及高亮度 LED 原件，随着车体流线打造的精品尾灯，除了拥有独特的日间流线造型外，更具令人惊艳的夜间光型呈现，为车体注入奢华低调的生命力。 2. 精湛的模具工艺与高规格的单品制程，不仅升级，更是玩家的时尚工艺收藏。	
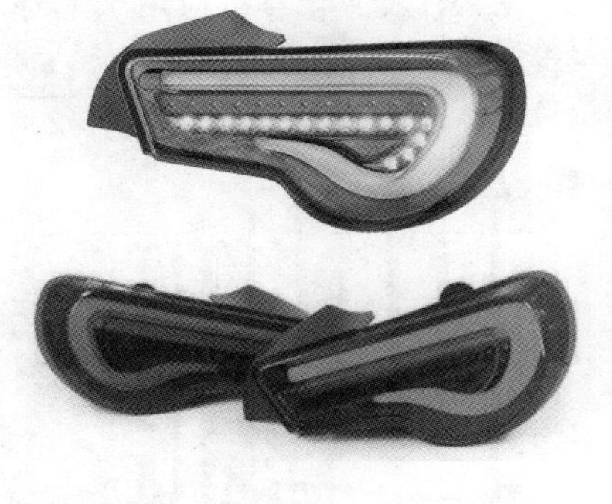	

图 3－51

多年来深耕欧洲及日本市场实体通路，在汽配件强调不断创新且须长久耐用的严苛环境下，深得客户信赖，是国内少见在高阶市场以自有品牌方式进行开发与生产的企业，以稳定质量及领先业界的技术打入欧美大型连锁通路并建立改装精品的卓越形象，更在 B2C 电商通路上深受店家与卖家追捧，是在实体与电商通路上可完全掌握自主格局的 MIT 精品典范。

台湾吉而好股份有限公司（Cheerful Fashion Goods Co.，Ltd.）

● 创立时间：1983 年。

● 台湾吉而好近 30 年来秉持着“精致、有趣而富创意”的理念，以设计及创意为核心，以生活观察家的精神为轴心，把西方重创意、时尚与科技感的设计风格与技巧带入东方文化，通过具有现代感的色彩与设计，落实新东方美学品牌的精神。

代表作品：Poodehii 设计经典笔	
祈福笔：以东方“禅”为设计元素，将书写的过程转化为能够沉静思考的仪式，在下决定的重要时刻，能够透过笔环规则而韵律的转动过程，提供沉静思绪的效益，是智者追求睿智的开端。手工精致的皮革触感、笔身利落的线条设计与细腻的镶簪笔环，重视心灵涵养的表现与兼顾外部书写的质感，正是祈福笔的特点。	文昌笔：以东方民间信仰的文昌庙宇建筑为概念，融合文房四宝的概念，将传统毛笔用具有科技感的金属笔杆取代，吊挂方式也改成磁铁吸附的新结构，既传统且现代时尚的设计，将祈求文昌帝君带来财富与好运的概念纳入，结合花窗、燕尾、石鼓文化符码应用于笔身，彰显笔墨的古典美与现代风华。
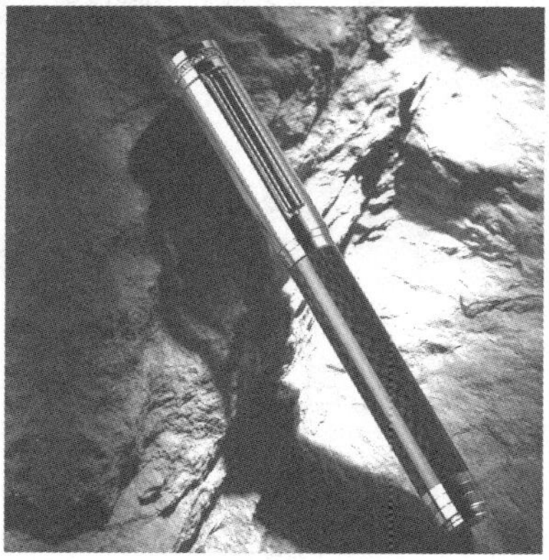	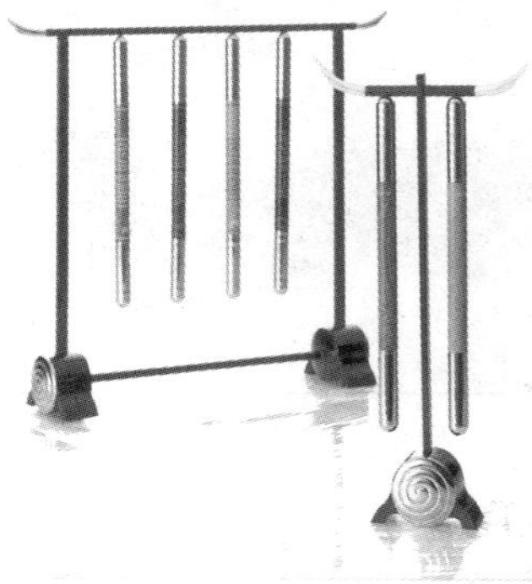

图 3－52

吉而好文创积极投身扶植国内文创与工艺产业，协助设计师与产业界整合推动共同品牌屡创佳绩；近年来东方文物相关商品在海外市场深受喜爱，在透过 B2C 电商通路做直接曝光时，用以故事及影片带入中文文字特写方式应用在商品陈述上，强烈表达其东方色彩。

章 4

微跨境时代的演绎与未来

长久以来，中小企业因为应买主的需求，不断在技术、设计、结构、材料、质量、效率各方面精益求精，造就了许多市场上成功的商品，同时也引领制造业逐步走向自主提升，将过去 OEM 的纯代工市场发展成为同时服务 ODM 的客户需求，在同文化、同语言的内销市场甚至已经发展出 OBM① 的经营模式。随着微跨境时代的来临，在通路方便性大幅度提升之际，跨境品牌的发展空间亦随之宽广。

以美国 Amazon 及 Newegg 这类大型 B2C 电商为例，正积极拓展 fulfillment② 的服务，商品不在用采购的传统进货方式，而是改用邀请供货商共同经营的合作方式，由电商业者提供曝光渠道与仓储物流服务，而供货商以寄卖方式来供货商品，直接进入市场，在高浏览量的分销实力下通过各种营销手段来刺激交易量的达成与提升。概括而言，电商业者大多竭尽所能地优化平台上的购物功能来提高回购率，Amazon 更是众多电商中的佼佼者，包括关键词搜寻、便利购物车、浏览历程、交易记录、实时客服或加价的实时递送服务等，致力达成网络购物服务的第一品牌。同时，他们善用社群媒体的力量，以联盟营销方式渗入全美消费

---

① 原始品牌制造（Original Brand Manufacturer，OBM），也译作原创品牌设计，所指的就是生产商建立自有品牌，并以此品牌行销市场的一种做法。由设计、采购、生产到贩售皆由单一公司独立完成，或者管理外包。

② 供应商将商品自行运送至 Amazon 或 Newegg 的指定物流中心，当有订单发生时，他们可代为商品理货暨发货至买方指定地。

市场。据统计，Amazon 有近 40 万个联盟大军的加盟网站，换言之，除了 Amazon 既有的高浏览量人气外，全美有 40 万个口碑营销的金牌业务在推销 Amazon 购物，创下惊人的销售额，也因此拥有货源的供货商无不抢进这充满商机的大舞台。

网络通路的空间无受限性，电商平台抛弃传统通路对大众商品的执着，大幅度降低曝光渠道的门槛，他们欢迎并提供所有供货商一样的曝光舞台，并交由市场需求来一决雌雄，因此即便是中小企业都可获得进入大型电商的机会，在公开市场上崭露头角。换言之，透过微跨境贸易的接轨，中小企业也能成为海外电商的供货商，在资源有限的前提下也能获得创造自有品牌并得到市场回馈的机会，这将是中小企业转型及创新的关键阶段。笔者将于以下章节逐一剖析各类品牌的发展机会。

4－1 创新精品、新锐设计师暨品牌商品的海外发展

创新精品的海外营销策略与发展

当企业得以透过微跨境贸易进入海外 B2C 电商时，针对企业的商品数及品牌数不同，可执行的市场营销手法各异，概略区分为单一商品策略、单一品牌多商品策略及多品牌多商品策略。

1. 单一商品策略

少数企业是仰赖单一商品来盈利的，优点是企业可专注于该商品的开发、制程、包装与营销，极具生产竞争力与管理效率，通常表示该单一商品的获利能力佳且生命周期长，企业可以用该商品作为企业品牌的营销代表，如白兰氏鸡精、养乐多或大同电饭锅就是深具代表者。该类

型商品的海外营销策略可以仿照原有传统通路的做法，在 B2C 电商上投入该商品的强力曝光，全力引导该商品成为消费者触碰到该类商品时的第一联想，如说到鸡精就能想到白兰氏；唯要注意的是在有限经费情况下，采重点式的强力曝光为佳，也就是选择几个主要的电商进行 Banner 广告或关键词来强打商品。

集中资源在单一商品上直接进入市场的单兵突击法是很常见的营销手法，常能使企业成为该产业中的最佳代名词，针对单一商品的曝光与描述，有几项重点手法：

第一，在 B2C 电商上加强广告，针对商品特性，以讲故事的方式，强调企业与竞争对手的市场区隔独特性，如特殊的工艺手法。

第二，善用照片或关键词来强调商品在差异性及辨识度上的呈现，如拍摄特写照片，利用特殊性组件来阐述某特定功能（如强调耐用度时，使用含有铆钉的商品特色图片）等。

第三，将商品或企业指针的特色图像化，大量曝光在 B2C 电商上，使消费者看到商品想到品牌，看到 logo 想到商品，相辅相成。

2. 单一品牌多商品策略

多数企业是在单一品牌下推出系列商品的经营方式，他们可在同一市场同时推出两种以上具关联性的产品，除可互补外，常可利用相似之作业及营销通路达到不同的市场区隔，进而提高市地占率，并可达到分摊风险及增加获利的目的。在此模式下，单一商品不是以主打商品的方式来营销，而是以曝光品牌的方式再由多个商品抢进市占率来支撑这单一品牌。旺旺集团在 1992 年进入中国内地市场时，依靠旺旺雪饼的点心类产品赢得消费者的普遍喜爱，旺旺夹带着雪饼的力量将旺旺小子的图像深入消费市场与日常生活中，使消费者对旺旺产生信赖感，推出一百多种米果商品来共同支撑旺旺这个品牌。

因此，为了使品牌形象深入市场，与单一商品强打重点B2C电商的广告不同，必须透过分布式的曝光来打响品牌的联结，如通过自有网站、社群媒体、电子报、电商活动赞助等将品牌形象深入市场；在做商品销售的同时，可通过相关联性的营销关键词露出，来提高商品的品牌辨识度，具有营销共鸣呼应的效果，以获取实际营业额并扩充市占率。

3. 多品牌多商品策略

多半由贸易商或较具相关产业链经验的业者，提供顾客一站式服务时满足顾客全方位需求，可能同时提供多种品牌及系列品牌，如美妆店通常是透过代理商在操作数种品牌的销货策略，或大陆近期涌现的“代运营商”正是制造商的网络操盘手。该类业者手上有不同的品牌及系列商品时，着重的不是业者的形象、商品或品牌，而是透过市场机制来找出明星商品，再由商品来塑造品牌，同时，让数个品牌互相竞争来争取市场占有率，看似分食，其实是分进合击，间接垄断市场，隔离竞争对手，此外，这样的操作手法可以使得市场瞬间热络，成功取得关注。

（1）新锐设计师的市场新商机

屡屡可以在国际设计展上看到台湾设计师的创作，更时可耳闻某新创设计师获得国际大奖的殊荣，但是从创意到生意中间存在着一条大沟，这些新锐设计师中能够将创作真正商品化的却寥寥可数，究其原因，一来是囿于台湾长斯对创意产业的忽视；二来是商品化的过程必须获得制造业及市场的认同，而近年来制造业受到外销通路的挤压，在既有订单薄弱的情况下，难以轻言在未知市场需求的前提下大胆投产；三是传统通路对“大众商品”的青睐远高于可能具爆点的设计品，甚少愿意另辟专区陈列，相互夹击下，新锐设计师只能困窘地看着满仓的库存悲叹。

在台湾，随着政府对文创事业的鼓励、民间少数大企业对创意种子的灌溉，如台湾吉而好公司设立设计师创意整合平台，同时，电商通路的支持与少数专为设计师建构的新舞台等，近两年来设计师慢慢获得些许的赞同与肯定，甚至可在内销市场上获得掌声与商品化销售佳绩，实为可喜。在微跨境贸易引领产业界奔向海外主流消费市场之际，也拓宽了设计师的市场大门，一则式样模的投入门槛较过往低，如 3D 打印的推陈出新；二则海外市场对设计品的包容性大，愿意尊重且礼遇创意商品的呈现，因此，新锐设计师可在资源及资金有限的情况下，以少量试卖来测试市场水温与预期需求，带着市场端的销售回馈后更易于获得产业界的认同来投入商品化。

前述章节中 WeGoLuck 所提供的交互式定价机制与市场分析报告可视为设计师与产业界在评估商品化的最佳工具，何出此言呢？

其一，交互式定价机制可让设计师及制造业在第一时间获知，该商品由市场零售价反推回来的 FOB 单价，制造业可就式样品进行模具开发与投产成本的评估，加上设计师海外试卖结果下的预期销售率，对于制造业而言，要勾勒出商品化的投入风险与预期获利已非难事。

其二，市场分析报告中就美国 eBay 及 Amazon 就同构型或同价位商品的成交数据调查，可让制造业了解该商品的市场竞争力以及市场胃纳量，此时，已完备了商品化的所有评估。

（2）台湾精品在共享品牌概念下的海外发展

台湾过去 30 年的外销出口经验孕育出各种产业聚落，当局各机构及多元的民间团体如公协会、财团及社团法人、育成中心与基金会等，

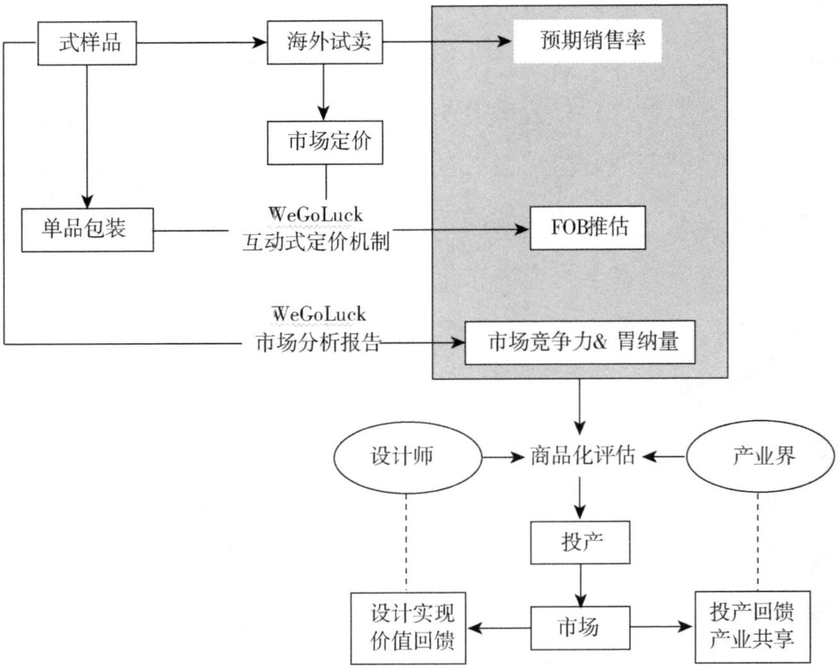

图 4－1 市场分析流程

各界集结众人所长，希望能为产业及后辈尽一份心力。如台湾设计创意中心及台湾优良设计协会，不断地带领国内设计业及制造业精益求精，协助岛内业者的国际曝光与获奖殊荣。笔者认为，除了协助，更该以海纳百川的雄心投入共同品牌的规划，让设计师与产业界合作商品化的过程中，以共推品牌的效应快速地累积市场忠诚度，7－11 的“Open 将”就是以共同品牌的概念，以通路的力量迅速地崭露头角。

这种思维，其实是延续台湾从早期“MIT”、“正”字标记，到“台湾精品”的这种代表质量的标章，透过这些代表质量认证的标章，走向国际认可的格局，这对岛内业者迈向跨境电商通路的帮助很大。进一步说，台湾在文化创意产业的优势，除了拥有千年以上的文化底蕴及人文资源外，新创世代的执着及科技的日新月异，足以在现代与传统融合的过程中淬炼出过人的东方美学，“台湾文创”也可以成为一个共同的品牌和产品识别。

产业营销上更为深沉的做法是让新元素或新应用的概念在消费市场扎根，透过传媒的洗礼，让市场需求的反馈来刺激产业界的投入，如排汗衣、发热衣都是极佳的市场典范。30 年前，莱卡（Lycra）弹性纤维就开始和厂商合作提供经认证的合作伙伴，只要加工质量好并取得质量认证的服装，就可以免费取得吊牌标识，这个可以增加销量、质量保证和品牌形象的三角波浪形莱卡吊牌，并不是付钱或向莱卡购买原料就能获得的；莱卡公司尽力打造自身在国际上的创新、时尚与品牌形象，将莱卡定位为能给予产品生命力的原料品牌，并将这种形象推广到所有合作伙伴产品上，莱卡透过自身的质量和创新来参与业者的服装品牌，并且投入“弹性纤维”这种先进材质的各类营销推广活动，使消费者明确了解莱卡吊牌的价值与形象，从而达到多赢的局面。

台湾以中小型企业代工为主的制造业背景，相当适合透过该类团体作战的方式，在国际市场上利用电子商务建立领导品牌，无论是以授权合作，上下游甚至平行同业间共同推行一组在海外的注册商标，透过产业力量来包围市场，而非若过去的游击战方式来单打独斗，相信可以在国际市场上杀出一条血路。同时，当局的经贸单位应该共同投入产业“共同品牌”的推动，以官方及半官方的强势力道真正给予支持与推广，正如莱卡参与业界的推广活动，透过正面营销 MIT 的价值来快速协助产业界在海外电商市场上扎根。笔者殷切期盼，透过微跨境贸易的通路洗礼，让历经多年的产业起落，让满是肥沃土壤的台湾产业，能够如浴火凤凰般重生。

4-2　品牌代工的逆袭——异业品牌合作

在欧美，许多中小企业开始由产品竞争转向品牌营销战略竞争，消费行为也逐渐从商品消费进入品牌消费。大公司能迅速聚集各种资源和强大的财力创造自己的品牌营销战略帝国，但对许多中小企业来说，怎么利用相当有限的财力及资源来建设自己的品牌呢?

成功建立品牌战略的前提，是企业本身对市场和消费者需具备有“价值性”的特殊能力及定位，中小企业的品牌战略是广泛把这种价值强调出来，并在消费者心中与竞争对手的品牌区分开来。

小品牌的建立不难，但要打开广大知名度很困难，如果我们为自己的品牌，找到已经成功的“异业品牌”进行跨业的品牌合作，我们自然就把自己的小品牌提升到和大品牌平起平坐的水平，从而炒热了自己的品牌知名度和价值。

从这个思维角度，可以发现若找到异业品牌合作的对象，自己品牌所要花费的投资、通路、宣传和时间的积累，都减少和缩短了。

从另一个角度看，这种异业品牌的合作，当然可以由小品牌倡议，但决定权在大品牌，而且大品牌和小品牌做异业合作，也有一定的原因，这就是小品牌必须为自己的品牌开发出可以被利用的价值。

大品牌因为信用度高、通路广、操作经验丰富，基于这些优势，大品牌商一定不断扩大战场和战果，于是，多品牌和次品牌（或称“副品牌”）策略绝对是必然的方向。

这种多品牌或次品牌策略所创造出来的新品牌产品，通常跟他的本业有很大的同构型，才能确保产品开发的顺利和质量而臻于成功。

有时候基于营销策略或者是产品价值的提升、产品市场效能的互补等因素，必须要开发新的产品来进行配套，但是因为新的产品不是原来的本业，要开发必须要引进新的人马、资金、设备，这还不见得能够成功，更要命的是开发时间漫长，实在无法等待。

这时候，大品牌商只有两个选择，第一个是购并所需要的产品的制造商，这是最简单、最省时、最容易成功的高效选择；但这个选择有风险，譬如质量还够不上水平的话，就必须进行另外一个选择，那就是“异品牌”的合作结盟。

举例来说，7－11[①] 打算和一家乳品业者合作，他的专长是通路经营，不需要为了喝奶而去养一头乳牛，更不需要去建一个牧场，那成功的概率是很低的，因此，必须找异业合作，他有两个选择。

第一个选择是请乳牛场做品牌代工，只要能确保一定的销售量，就很容易谈成，但是如果真的请代工生产了“7－11”牛奶，挂上了“7－11”的超级通路品牌，这个品牌能不能把他的光芒加持到这个品牌的牛奶上，这恐怕不是一件容易的事情，毕竟产业性质不同、专业程度不同，要让人相信“7－11”可以生产高质量的牛奶，可能需要极长时间的市场验证。

另外还有法令上的问题，依政府的规定，奶商所卖出去的牛奶，必须有一定百分比的奶源是自产的。

所以，“7－11”就必须另寻合作伙伴了，这时，瑞穗牛奶就出线了。

瑞穗牛奶是一个小品牌、小牧场，位于东台湾的花莲，因为牧场区位的关系，是一块未被污染的净土，加上经营用心，所产鲜奶醇浓，消费者风评极佳。这些优点是瑞穗牛奶入围获选的原因，而这些优点及

① 7－11 便利店是世界最大的连锁便利集团 Seven&11 公司旗下品牌，以便利店零售经营为主要特点。

“强强联合”的消息，就是宣传的最佳题材，相对更为两个品牌的价值增光增色。

新产生的“7－11瑞穗鲜奶”就是一个双品牌的“异业品牌”合作实例，从这个实例中，我们可以发现，“质量”和“市场区隔”可以让一个小品牌越过资本、通路、宣传和时间的投入，找到与大品牌联盟的快捷方式。

所以，小品牌只要努力提升产品的质量和形象，很容易在现今的网络时代找到相应的客户而创造出知名度，这就具备了可以和大品牌合作的第一步。

另外，必须对自己的产品有深入的了解，知道市场区隔，也许是“互补性”的，也许是“加值性”的，再去找出这些可以合作的大品牌，尽全力去展示自品牌的“可利用价值”，尤其是可以创造出1＋1＞2的双赢或三赢效果，那么寻求大品牌的合作结盟就有可能性了。

4－3　品牌营销——海外逆输入商品

许多MIT台湾制产品开拓海外市场，尤其是消费程度高的欧美市场，这些商品海外网购市场上闯出知名度之后，消息传回台湾，引起台湾消费者的购买欲望。

另外有一些人经常从网络上去寻找限量的、特殊的、台湾买不到的商品，委托旁人代购，或者自己把商品买回来，而这种“出口后再转售回原产地”的商业形式，我们称之为海外商品的“逆输入”。

这种因为专做外销商品导致的“逆输入”，最主要是基于电子商务信息流的无国界，使得消费信息可以跨境流通。在电子商务时代，这种“逆输入”的现象，可以给中小企业外销厂商得到一个可资利用而自我茁壮的契机。

这个“外销商品逆输入”的现象，可以作为制造商提升产品质量及开发特定商品的营销策略，当产生频繁的“逆输入”现象后，就可以扩大销售的领域包括内销市场。

当品牌小有名气时，有的国外客户会来洽谈商品的全球代理权，从海外再回销到出产国或至其他国家销售，增加此商品的销售通路。依据此发展趋势，厂商若有计划发展到有兴趣的地理区域，建议将商品设立好国际性的商标，当机会来临时增加业务筹码，也可以进行自我保护。

澳洲有一个知名品牌 UGG，是一家鞋厂，所生产的雪地靴有羊毛衬里，十分保暖，因此获得许多国外买家的喜欢，但 UGG 却未能申请国际品牌商标，结果被一家美国公司抢先登记了国际商标，使得正宗的 UGG 反而无法在国际上销售。这个实例说明了企业产品若要走向海外，国际商标的登记注册特别重要，尤其在网络信息充分流通的时代，市场营销状况也是一个公开的信息，必须注意这种情况。

综上所述，品牌营销一定要注意以下几点：

（1）人人都可以营销全球当 eboss

台湾中小企业拥有高创意、设计精良且高质量的商品及生产要件，近来开始努力钻研并投入自有品牌的建立，而台湾的网络零售商及制造商也积极开始寻找外销至海外的国际网络零售的机会，商品在网络上进行全球交易已是必然的趋势，并透过各项整合，取得合作的“跨境交易”新世代已经来临。“跨境交易”已是台湾中小型企业全球化布局的新里程碑。

（2）跨时、跨境、跨群众、跨资源、跨媒体

网络广告就是利用网络资源广告。利用网站上的广告横幅、文章链接、多媒体等方法，在网络刊登或发布广告，社群运作，通过网络无限

制地传递到客户面前。与传统的四大传播媒体（报纸、杂志、电视、广播）及备受垂青的户外广告相比，网络广告具有得天独厚的优势，是实施现代营销媒体战略的重要部分。Internet 是一个全新的广告媒体，速度最快，效果很理想，是中小企业扩展壮大的很好途径，对于广泛开展国际业务的公司更是如此。

网络广告是广告主为了推销自己的产品或服务在网上向目标群体进行有目的信息传达，从而引起群体和广告主之间信息交流的活动。简言之，网络广告是指利用国际互联网架构，通过图文或多媒体方式，实现有赢利性的商业广告。

（3）选对网络优势小兵也可之大功

重新营造顾客关系，客户愈近经营效率愈高。

网络营销的企业竞争是一种以顾客为焦点的竞争形态，在网络环境下，生产商可以通过网络与最终用户直接联系，不但缩短了营销流程，而且降低了成本，快速响应客户需求。

（4）抓紧客户，立于不败，品牌来自粉丝宠爱

争取新顾客，留住老顾客，扩大顾客群，建立亲密的顾客关系，分析顾客需求，创造顾客需求。

（5）请你也要这样做

营销借助网络可以在全球进行市场调研，通过网络数据分析，厂商可以迅速获得关于产品概念和广告效果测试的反馈信息，也可以测试顾客对产品的认同和评价，从而更加清楚地了解消费者行为方式和偏好。因此，在消费者大量点击使用的情况下，网络营销将发挥出传统营销没有的优势，统计出客户喜好，企业将会迅速地给不同的消费者提供不同的产品，以更好地满足消费者的需求。

章 5

中国对跨境商贸的政策及案例

5－1　5＋2 跨境电子商务示范口岸

1. 背景

2009 年全球金融危机爆发后，中国进出口贸易均有一定程度的回升，但增速连续两年呈现明显下滑。2012 年进口、出口贸易额分别为 12.3 万亿元和 13.9 万亿元，同比增长 8.6% 和 12.4%，增速分别下滑 10.9 个百分点和 2.8 个百分点。然而，2012 年中国货物进出口贸易额首次超越美国，成为全球进出口贸易规模最大的国家。（图 5－1）

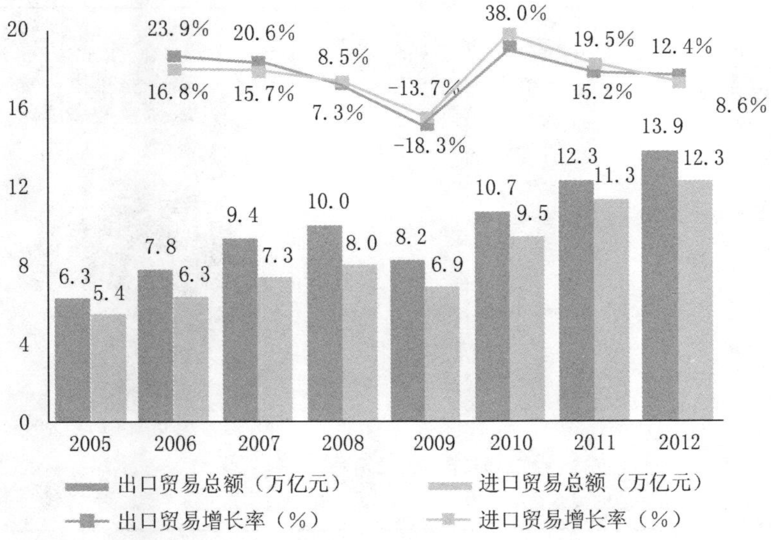

注释：综合整理中国统计局统计年鉴获得。

@2013.6iResearchinc.　　www.research.com.cn

图 5－1　2005—2012 年中国进出口贸易额变化情况

根据市场研究公司 eMarketer 最新发布的数据显示，2012 年全球电子商务交易额首次突破 1 万亿美元，同比增长 21.1%。并预计，2013 年全球电子商务交易规模将达到 1.3 万亿美元，同比增长 18.3%。从交易地域分布来看，亚太将超过北美成为世界第一大 B2C 电子商务销售市场。2012 年中国电子商务市场整体交易规模为 8.1 万亿元，同比增长 27.9%。营收规模为 1628.2 亿元，同比增长 38.5%，增量为 626.3 亿元，对中国网络经济增量贡献比例高达 46.3%。由此可见，中国电子商务市场仍保持较快增速，且增速高于全球平均水平，在中国网络经济乃至中国国民经济中的地位越来越重要。而综合中国进出口贸易在全球市场的领先地位，未来中国跨境电商市场发展潜力巨大，且对全球跨境电商市场的影响将越来越重要。（图 5-2）

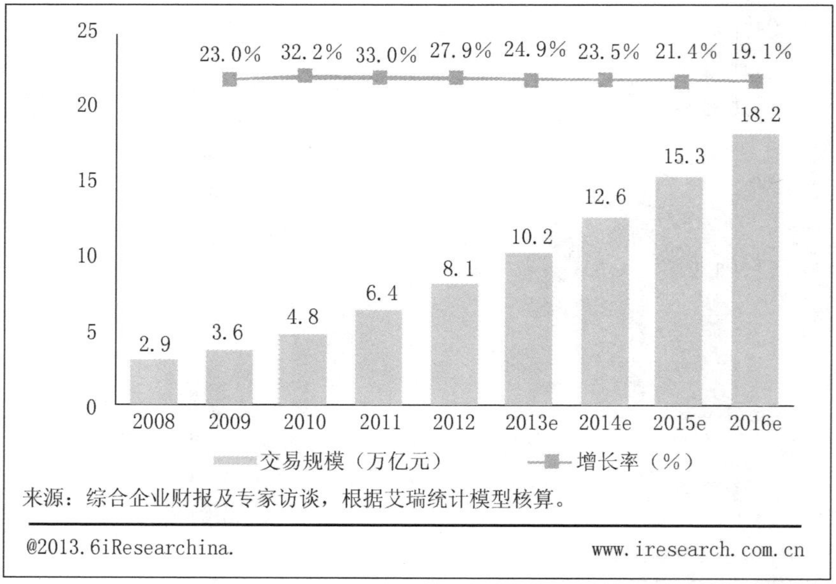

图 5-2　2008—2016 年中国电子商务市场交易规模

随着电子信息技术和经济全球化的深入发展，电子商务在国际贸易中的地位和作用日益突显，已经成为中国对外贸易的发展趋势。近年来，跨境电商越来越受到政府部门的高度重视，发改委、商务部、海关总署、人民银行、质检总局、国家邮政局、国家标准委等部门积极围绕综合法律法规、信息监管、支付清算、通关、物流保税、电子认证、纠纷解决、经营者行为、示范试点等标准规范和配套管理制度层面，跨境电子商务法律政策环境不断完善。

2012年中国跨境电商进出口交易额为2.3万亿元，同比增长32%，但相较于中国整体进出口贸易市场规模，占比仍处于较低水平，仅占9.6%。在全球电商快速发展和中国电商全球化的大趋势下，中国跨境电商交易规模将持续高速发展，电子商务在中国进出口贸易中的比重将会越来越大。在全球电子商务快速发展的大环境下，跨境电商的快速发展将对中国整体国民经济及进出口贸易产生深远的意义和价值。一方面，相较于传统外贸，跨境电子商务能有效压缩中间环节，化解产能过剩，重塑国际产业链，促进外贸发展方式转变，增强国际竞争力；另一方面，电子商务网站集合海量商品信息库、个性化广告推送、智慧化商品检索、口碑聚集消费需求、支付方式简便等多重优势，为中小企业提供发展之道。此外，跨境电子商务面对的是全球200多个国家和地区的商家和消费者，市场潜力巨大，而在中国政府和企业的大力推动下，已经围绕整个跨境贸易形成了一条从营销到支付、物流和金融服务的清晰、完整的产业链，为中国跨境电子商务的进一步发展奠定基础（图5-3）。

2. “5+2”跨境电子商务示范口岸

在跨境电子商务爆发式增长的大环境下，国家发改委、海关总署共同开展国家跨境贸易电子商务服务试点工作，第一批试点口岸分别是：

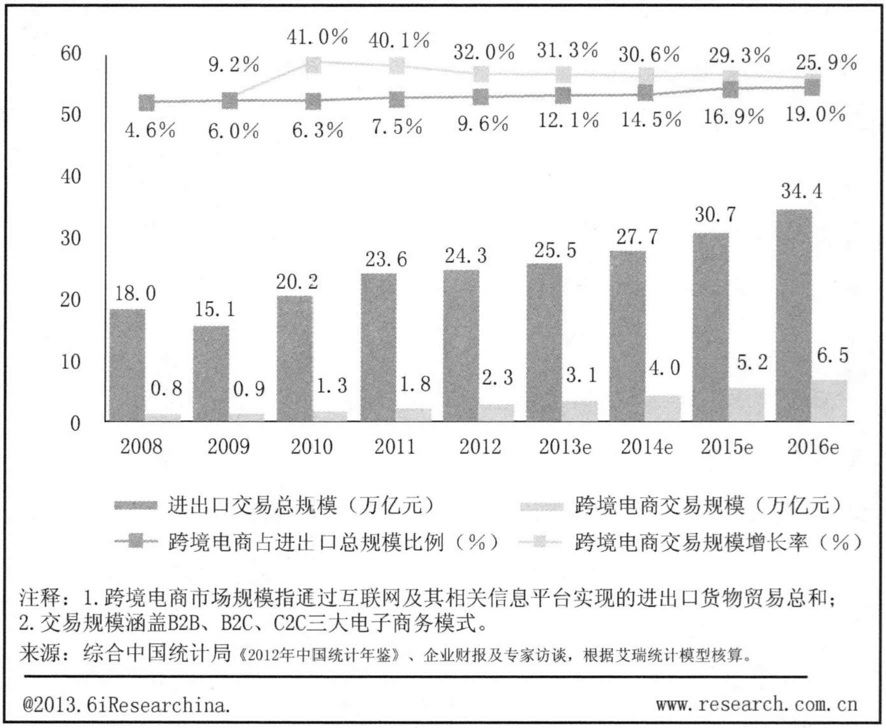

图5－3　2008—2016中国进出口贸易及跨境电商市场交易规模

上海、重庆、宁波、郑州、杭州，随后又增加广州及深圳前海，形成“5＋2”跨境电子商务示范口岸。

（1）试点主要内容

按照国家发改委关于组织开展专项试点的要求，针对以快件或邮件方式通关的跨境贸易电子商务存在难以快速通关、规范结汇及退税等问题，由海关总署组织有关示范城市开展跨境贸易电子商务服务试点工作。研究跨境电子商务相关基础信息标准规范、管理制度，提高通关管理和服务水平。

试点工作主要从两个方面进行创新：一是政策业务创新，探索适应跨境电子商务发展的管理制度。二是信息化手段创新，依托电子口岸协调机制和平台建设优势，实现口岸相关部门与电商、支付、物流等企业的业务协同及数据共享，解决跨境电子商务存在的问题。

出口方面，解决中小微企业不能结汇、退税问题，拟采用“清单核放、定期申报”模式，通过电子订单、电子支付凭证、电子运单与报关清单的自动比对，实现分类通关、快速验放，并定期汇总列表数据形成一般贸易报关单，通过与国税、外汇部门的电子数据联网，为企业办理退税、结汇，扶持中小微电商企业的发展。

进口方面，一是建立阳光跨境直购管道，打造一批明码标注商品价格、税款及运费的电子商务平台，为国内购买者提供放心、保质的网购环境，做到税费应收尽收，监管快捷便利。二是充分发挥海关保税区域监管优势，允许电商企业将涉及国计民生、国内消费者欢迎的消费品事先批量进入保税区域存放，境内消费者网上购买后再逐批分拨配送，降低国际邮件运输成本，加快购物交付时间。

通过信息化手段创新，建立与电子商务相适应的网络化管理模式；通过企业备案和商品备案认证企业资质，对商品范围进行限定，由企及物控制监管风险；通过电商、物流、支付企业与海关、国税、外汇等口岸管理部门的系统对接，实现信息及时共享，监管前推后移；通过无纸化申报和随附单据电子化，对交易、支付、物流和申报资料的交叉核对，降低企业通关成本，提升监管效率和严密性。

（2）跨境电子商务试点现状

2013年是跨境电子商务的“元年”，跨境“5+2”电子商务试点城市也陆续步入正轨，一年多的时间，跨境电子商务的热浪并未退去，反而高潮迭起。大量的电商、传统外贸、物流企业投身其中，所有的人以“盲人摸象”的热情共同拼凑着跨境电子商务的真相，作为跨境贸易电子商务下货物和物品进出口的直接监管部门海关和国家质检总局也为之出了几个公告。

商务部数据显示，2013 年中国进出口总值首次突破 4 万亿美元，其中出口 2.21 万亿美元，进口 1.95 万亿美元。值得注意的是，跨境电商进出口交易额达到 3.1 万亿元（约 5057 亿美元），同比增长 31.3%；每年有近 4 亿个快递包裹通过跨境电子商务出口，有 10 亿件商品通过跨境电子商务销往海外。随着全球电商快速发展，商务部预测，2016 年中国跨境电商进出口额将增长至 6.5 万亿元（1.1 万亿美元）。

另外，根据 PayPal2013 年 7 月发布的《全球跨境电子商务报告》，2013 年全球五大市场（美国、英国、德国、澳大利亚和巴西）有共计 7600 万消费者参与跨境零售网购，相关零售网购需求预计将达到 700 亿美元，预计到 2018 年，增长一倍。而商务部的官方数据显示，2013 年全年，我国跨境电子商务零售出口为 1180 亿元（约 180 亿美元），同比增长 30% 左右。但中间市场差仍大，潜力不可小觑。

不仅是外贸出口类电商，进口类跨境电商（海淘）的发展也如火如荼。中国电子商务研究中心数据显示，2013 年，中国海外代购市场交易规模超过 700 亿元，国内消费者支付宝“海淘”消费规模同比增长 117%，远高于国内网购 64.7% 的增长速度。北商商业研究院分析指出，海淘电商平台与海外快递转运存在着巨大的发展空间。

近一年来，国家关于跨境电子商务的利好政策持续发酵。根据《经济参考报》记者的梳理，2013 年 7 月，国务院常务会议制定促外贸“国六条”，明确积极扩大商品进口，增加进口贴息资金规模。这为国内电子商务平台发展进口业务提供了契机；2013 年 8 月初，国务院发布《促进信息消费扩大内需的若干意见》，提出挖掘消费潜力、增强供给能力、激发市场活力、改善消费环境等；2013 年 8 月底，国务院办公厅转发商务部等部门《关于实施支持跨境电子商务零售出口有关政策意见的通知》，即国家支持跨境电商产业发展“国六条”正式出台。该通知在上海、重庆、杭州、宁波、郑州 5 个城市试点跨境贸易电子商务服务，并从 2013 年 10 月 1 日起向全国有条件的地区实施；2013 年 9 月底，第二批国家电子商务示范城市创建工作启动；2013 年 11 月底，商务部发布《关于促进电子商务应用的实施意见》；2014 年 1 月，财政部、国税总局联合发布《关于跨境电子商务零售出口税收政策的通知》，明确跨境电子商务零售出口有关的税收优惠政策；2014 年 5 月，国务院发布《关于支持外贸稳定增长的若干意见》，提出进一步加强进口，出台跨境电子商务贸易便利好措施。

政策春风下，地方政府主导的跨境电商细则也在逐步落地。2014 年 9 月 9 日，深圳跨境贸易电子商务进口试点正式在前海启动，标志着前海在跨境电商领域进出口双向信道的全流程开通。之前，上海“跨境通”依托于上海自贸区，吸引了诸多品牌入驻；杭州的节奏是“出口先行”；“保税进口”则成为宁波“跨境购”的主要运作模式；河南本土首家新型跨境贸易电商平台“E 贸易”主要依托中部物流枢纽……此外，各地还纷纷建起跨境电商产业园，并申报跨境电商试点城市。试点进口业务尚属起步阶段，目前十几个试点中，仅上海、杭州、宁波、郑州、广州、重庆、深圳 7 个有进口试点资格，提升空间很大。

企业方面，除了亚马逊、天猫国际、1 号店，对跨境电子商务感兴趣的，还有跨行业的竞争者。2015 年春节后，顺丰旗下的海淘网站“海购丰运”正式上线，为“海淘”使用者提供转运服务，并通过“什么值得买”海淘专区向消费者提供海淘导购服务。新生的跨境电商市场就像一个能量巨大的旋涡，吸引着各方市场力量的参与。

近几年将是跨境电子商务蓬勃发展的最佳时期，也是跨境电子商务政策逐步明确之时。目前跨境电子商务“5+2”试点城市政策略有差异，进度也各不相同，跨境电商企业如何选择城市落点，也将决定企业初期的发展进度。后续章节中将介绍目前“5+2”中部分典型城市的政策。

5-2　上海自贸区及跨境通

1. 上海自贸区概述

2013年8月22日商务部网站公布，国务院正式批准设立中国（上海）自由贸易试验区，试验区总面积为28.78平方千米，相当于上海市面积的1/226，范围包括上海市外高桥保税区、外高桥保税物流园区、洋山保税港区和上海浦东机场综合保税区4个海关特殊监管区域。（图5-4、图5-5）

2013年9月29日上海自贸区正式挂牌。

图5-4　上海自贸区外围道路

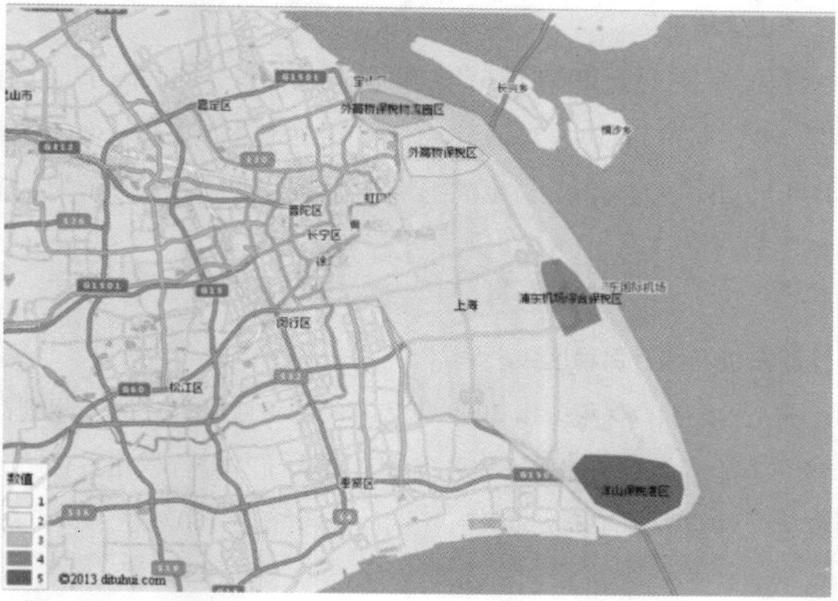

图 5－5　上海 4 个自贸区位置

外高桥保税区：

外高桥保税区是 1990 年 6 月经国务院批准设立的我国第一个保税区，规划面积 10 平方千米。经过二十多年的发展，外高桥保税区已集聚各类企业 7000 多家，是国内经济规模最大，业务功能最丰富的海关特殊监管区。

外高桥保税物流园区：

外高桥保税物流园区是 2003 年 12 月经国务院批准设立的我国第一个保税物流园区，规划面积 1. 03 平方千米。保税物流园区是国内首个实施“区港联动”的试点区域，可同时享受保税区、出口加工区相关政策和上海港的港航资源。

洋山保税港区：

洋山保税港区是2005年6月经国务院批准设立的我国第一个保税港区，规划面积14.16平方千米，由小洋山港口区域、陆域部分和联结小洋山岛与陆地的东海大桥组成。其中陆域面积6.85平方千米，岛域面积7.31平方千米。

浦东机场综合保税区：

浦东机场综合保税区于2009年7月经国务院批准设立，规划面积3.59平方千米。机场综保区充分发挥其亚太航空复合枢纽港优势，积极打造“临空服务创新试验区”，已引进各类企业160家。

FTZ与传统FTA区别：

中国（上海）自由贸易试验区（Free Trade Zone，FTZ）是根据本国（地区）法律法规在本国（地区）境内设立的区域性经济特区。这种方式属一国（或地区）境内关外的贸易行为，即某一国（或地区）在其辖区内划出一块地盘作为市场对外做买卖（贸易），对该地盘的买卖活动不过多地插手干预，且对外运入的货物不收或优惠过路费（关税）。

与国际上传统自由贸易区（FTA）不同的是，传统自由贸易区是多个国家一起玩，游戏规则多国共同制定；而这种方式是一国在自己的地盘玩，自己的地盘自己做主，游戏规则自己制定。

传统的自由贸易区（Free Trade Area，FTA）是根据多个国家之间协议设立的包括协议国（地区）在内的区域经济贸易团体。指多个国家或地区（经济体）之间做买卖（贸易），为改善买卖市场，彼此给予各种优惠政策；至于怎样做买卖，不是某一国说了算，而是在国际协议的基础上多国合作伙伴一起商议制定游戏规则，按多国共同制定的规则进行。

2. **跨境通简介**

图 5－6　跨境通首页

（1）简介与定位

跨境通网址 www. kuajingtong. com，是目前自贸区内唯一可以与海关系统对接，实行整进零出的电子商务服务单位。

跨境通是 2013 年 11 月 20 日上海自贸区第一家经政府审批的海淘网站平台，把原本灰色的“海淘”业务阳光化、正规化，以物品行邮方式进行监管。

目前跨境通是一个辅助监管机构，同时作为大陆跨境政策的宣传窗口，提供系统对接及金流物流的服务。

（2）跨境通购物流程

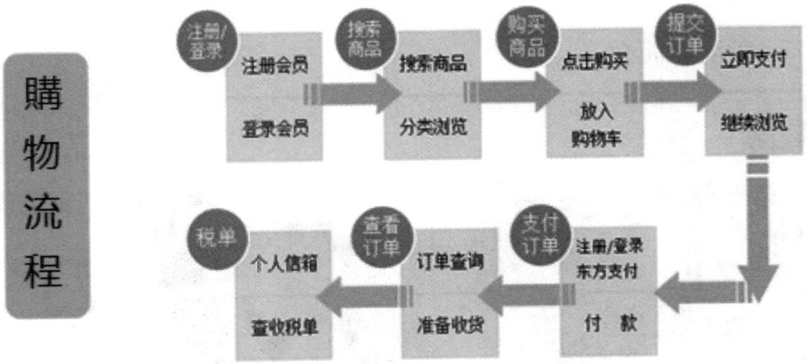

图5－7 跨境通购物流程

第一步：注册/登录

①新顾客注册：点击首页顶部“注册”进入注册页面后输入账户名称、密码、邮箱及验证码，按照提示完成注册（图5－8）。

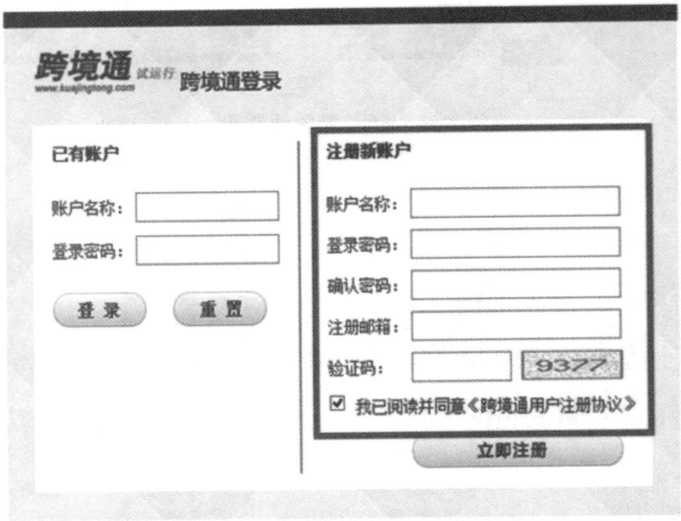

图5－8

②老顾客登录：在“请登录”页面输入登录账号、注册密码进行登录（图 5 – 9）。

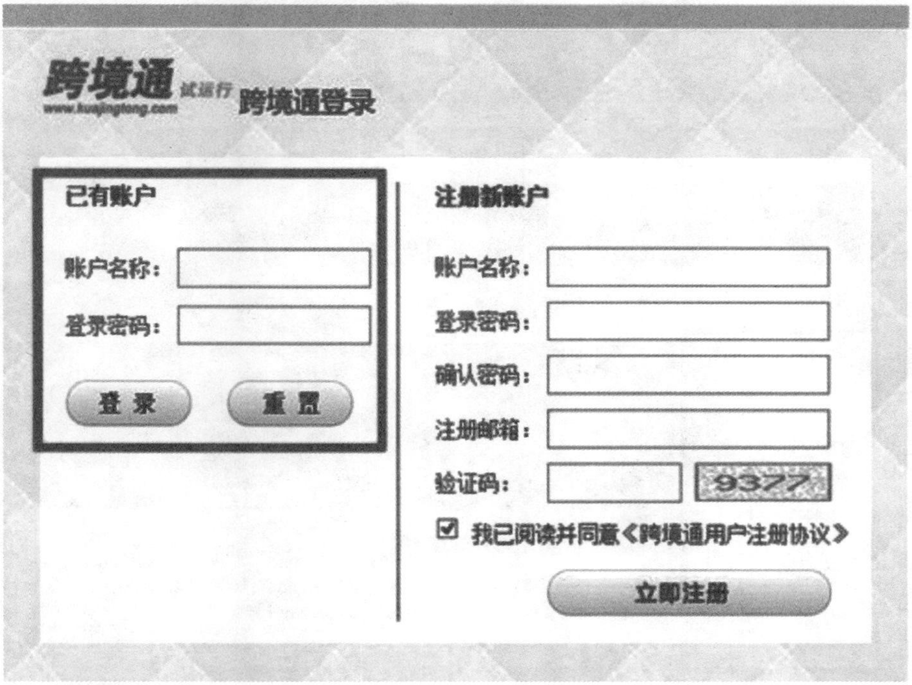

图 5 – 9

第二步：搜索商品

①您可以通过在首页输入关键词的方法来搜索您想要购买的商品。②您还可以通过跨境通的分类导航栏来找到您想要购买的商品分类，根据分类找到您的商品（图 5 – 10）。

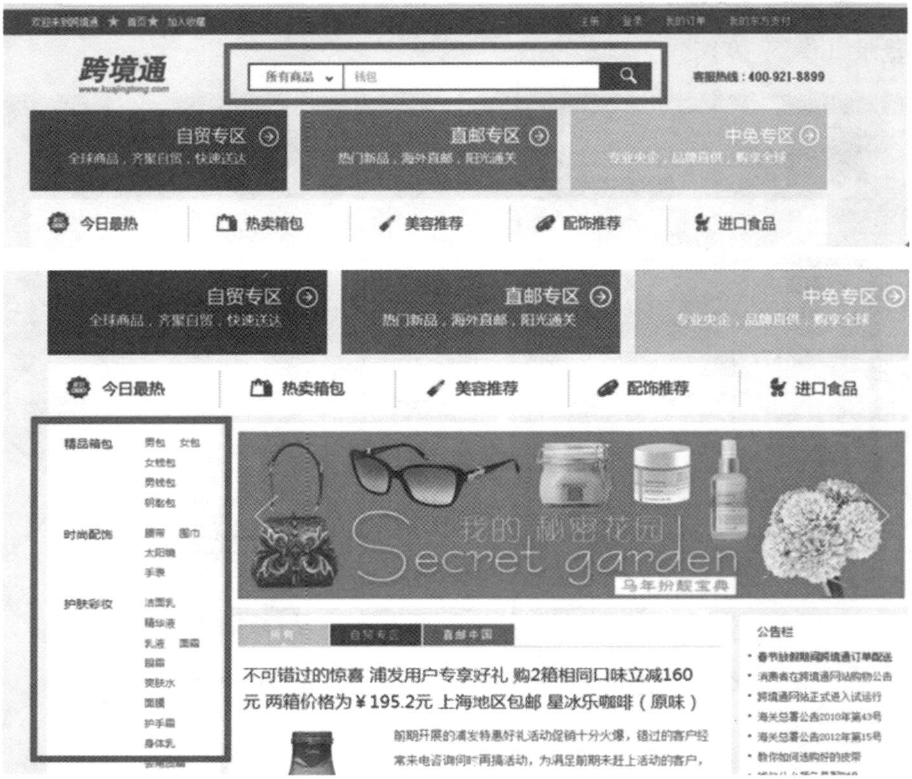

图 5－10

第三步：购买商品

①点击购买您选中的商品，跨境通会自动带您去商户网站（图 5－12）。

②将选中的商品放入购物车（图 5－13）。

今日最热
热卖箱包
美容推荐
配饰推荐
进口食品
情人节 送给心爱的她 永不磨灭的时尚传说 Chloe克洛伊Paraty 米色牛皮铆钉女士手提包 中号 ¥13750元
Chloe克洛伊Paraty 米色牛皮铆钉女士手提包 中号
所属商家:东方国际
商品价:¥12,500.00
进口税:¥1,250.00(单笔订单关税低于50元(含50)予以免征)
总价:¥13,750.00
点击去购买
品牌:Chloe克洛伊

图 5－12

Chloé
Chloe克洛伊Paraty 米色羊皮铆钉女士手提包 中号
商品编号:100001257
含税价:¥13,750.00
商品单价:¥12,500.00
关 税:¥1,250.00
到货时间:2周内快递送达
数 量:1
加入购物车
加入收藏夹

图 5－13

第四步：提交订单

①立即支付订单，也可点击“查看订单”查询订单信息。

图 5－14　订单确认页面

图 5－15　物流信息确认页面

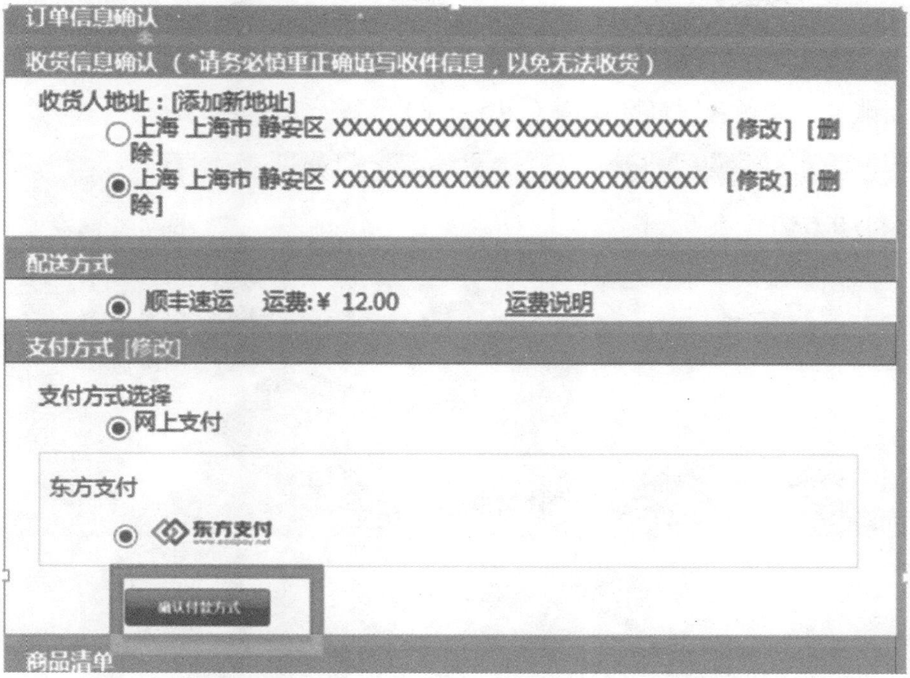

图 5 – 16

②继续浏览其他商品（图 17）。

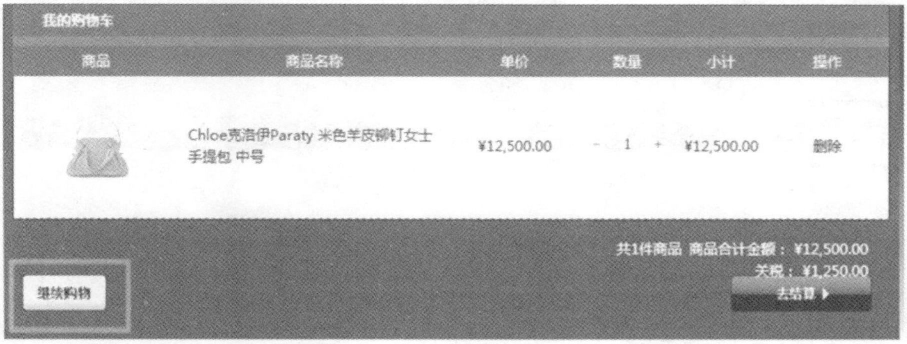

图 5 – 17

第五步：支付订单

①注册/登录东方支付第三方支付平台——东方支付，新客户可注册账号，老顾客则直接登录（图5－18）。

图5－18

②付款，可选银联支付的信用卡快捷支付（图5－19）或者网银支付（图5－20）。

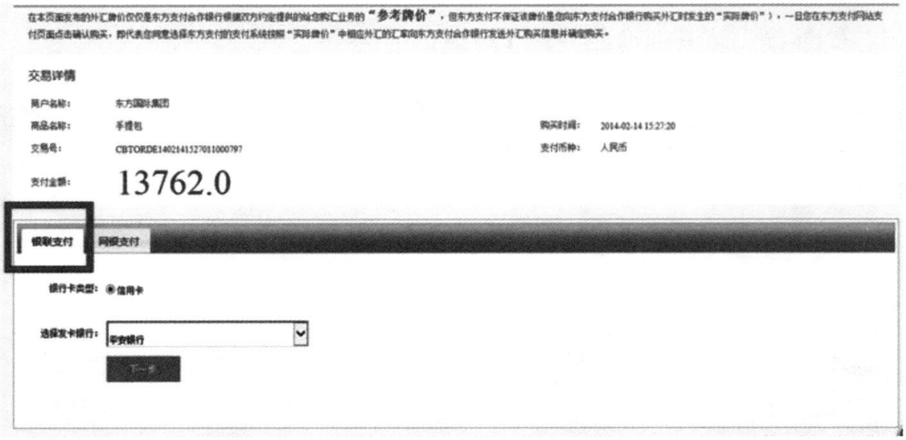

图5－19

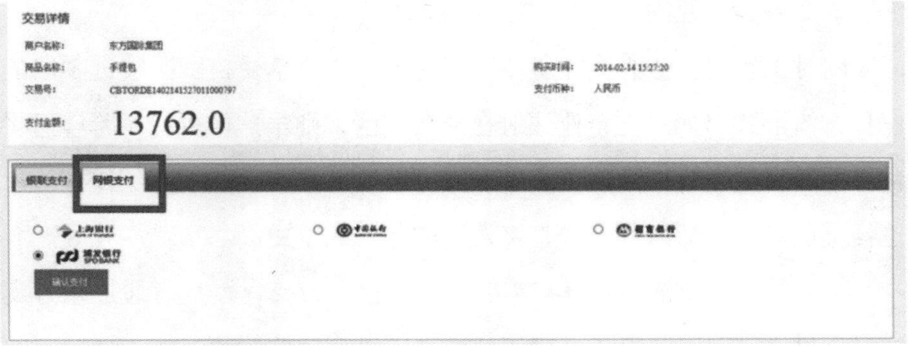

图 5 – 20

第六步：查看订单

订单查询已付款订单，查看发货状态。

配送周期及退换货事宜：一般在两周内可将商品快递至消费者（特殊情况除外），非质量问题暂不接受退换货（图 5 – 21）。

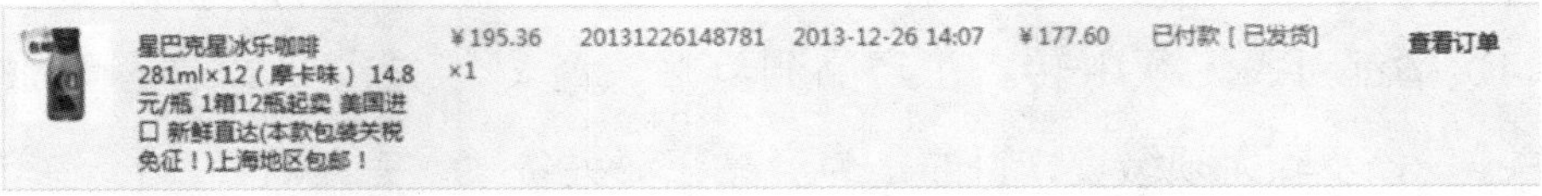

图 5 – 21

（3）商家入驻

申请使用跨境通，需要申请单位有国内及国外两个经营主体。国外经营主体作为主要经营者，国内消费者与国外经营主体进行跨境交易，国内经营主体主要因为监管需要，可同时作为一个售后的负责单位。

当经营单位的境内外主体都通过备案后，可进行商品的备案，仅备案之商品，可使用跨境通服务。完成第一轮备案后，海关将会给予密钥，用于新增商品的备案，通过表格形式上传海关后台。

整个备案流程需3个月左右时间。

同时，境内企业必须注册在自贸区内，才可享受自贸区整进零出的保税物流形式。如境内企业注册在非自贸区，则虽然仍可使用跨境通平台，但其只能作为一个规范行邮税的平台，无法使用整进零出的模式。这样反而对比目前海外商户直接发货的方式成本更高。

①系统对接及准备：商户需要系统对接东方支付，只有通过东方支付来支付之订单，才可透过跨境通实现整进零出的物流方式。

在网站接入东方支付的同时，必须同时增加相关行邮税属性，通过系统可计算相关商品需缴纳的行邮税金额。

商户也需要和跨境通网站进行对接，使得跨境通可以导入商户商品。

②跨境通物流流程：目前跨境通在上海三个自贸区都设有监管仓库，故商品在海外报关出口后，通过空运或海运方式进入上海任何一个自贸区都可，无须中转。在产品到港后，商户首先需要做“一线报关”，该步骤无须缴税，目的是为产品在海关备案，完成后商户可选择将产品运送至其在自贸区内的自有仓库或直接送至跨境通仓库。一般货量较小可使用跨境通仓库，货量大则需要入自有仓库。

产生订单后，如产品已在跨境通仓库备有安全库存，则跨境通可通过订单直接配货后发货，由其粘贴相关标签后送至海关出关，如产品在商户自有仓库中，则需要商户先配送产品至跨境通仓库后，跨境通会安排粘贴相关标签送至海关处，海关扫描跨境通条形码后，产品出货，自动缴纳税金，系统中产品也变为完税状态，金流物流信息流三流合一。

产品配送目前跨境通仅支持顺丰及EMS这两家快递公司，其提供上门揽收服务。由于监管仓统一使用这两家物流公司，故价格比外部略有折扣，顺丰为8~9折。

物流时效方面，目前其表示可实现收到订单后，第二天可出仓。

③跨境通金流流程：使用跨境通服务，必须使用东方支付作为金流服务商。

东方支付包含普通第三方支付的功能，并且与海关系统对接，直接向境内消费者收取行邮税。在收款过程中，自动区隔商户费用（产品费用＋运费）及税金，并分别结算至不同账户。消费者支付货款至东方支付，东方支付在 T＋1 个工作日结算外汇或人民币至商户海外账户，完成金流死循环。

由于人民银行政策规定，第三方支付无法互相对接，故东方支付无法通过对接支付宝的方式完善其客户体验的不足。其目前收款，由于税金需要上交国库，同时也需要向海关申报，故系统响应速度较慢，无法像支付宝那样实时回馈给消费者付款成功，造成一定的客户投诉，目前其正在积极解决此类问题。

④质检/授权要求：整个流程中对产品没有质检要求，因该模式认定为国内消费者自行从海外购得的商品，不适用大陆行业要求，是以海外当地产品要求为基础的。故一般商品并无质检要求。

对特殊商品，海关提出额外的数据进行报备，如食品（含保健品）、化妆品，需要以下数据：

- 原产国证明
- 产地当地的检测报告（出厂合格证明即可）
- 企业规章制度（需关联境内境外主体，对其经营内容做说明）

以上数据仅需提供一次，并不需要按批次进行重复提交。

部分保健品会被归于药品类，是由商检部门决定，如被归于药品类，那这些商品将无法成功备案。其他无法备案的商品还有烟酒、医疗器械等。

所有的品牌商品都需要完整的授权链才可完成备案，但对授权的区域没有要求。因该模式定义为消费者在海外购买商品，故并不强制商户需要在大陆取得产品销售授权，因其销售行为是在境外完成的，但需要提供完整的授权链用以保证产品是正品。

⑤行邮税税率：目前，行邮税共设为四档，分别为10%、20%、30%和50%。适用第一档10%税率的物品主要包括书报、刊物、教育专用电影片、幻灯片、原版录音带、录像带、金银及其制品、食品、饮料等；适用第二档20%税率的物品主要包括纺织品及其制成品、摄像机、摄录一体机、数码相机及其他电器用具、照相机、自行车、手表、钟表（含配件、附件）；适用第三档30%税率的物品为高尔夫球及球具、高档手表（系指完税价格10000元人民币以上的手表）；适用第四档50%税率的物品为烟、酒、化妆品。

行邮税税额不超过50元人民币则免征行邮税。

⑥跨境通费用：金流费用，通过东方支付收款无手续费。提现时，外汇有2%手续费，人民币则为1%，东方支付直接结汇至境外企业的境外账户。

仓储物流费用：整进零出订单都需经过跨境通仓库，如其仅作为流水仓库，贴相关面单，则费用暂时不收取。如产品是在其仓库备货，并由其进行分拣、包装及发货的，则需要收取一定的仓库作业费用，其表示费用与一般非自贸区仓库费用接近，不会因该费用产生额外的成本。

同时，跨境通暂免行邮税报关费用。因目前行邮税的报关与一般贸易一样，都需要8元/单，并不合理，故暂免收取，但如相关政策落地后合理化该费用，跨境通将会收取。

跨境通同时作为一个导购平台，虽然并没有太多流量，但仍有部分商品通过其网站连接至商户网站，并产生成交，故该部分交易收取CPS的推广费用，费率为0.5%~5%，推广期间此项费用暂免。

3. 上海自贸区优惠政策及优势

在上海自贸区内开设公司并进行跨境电子商务，政府将提供一系列优惠政策，简单总结如下：

①企业税收两免三减半，指浦东新区地税方面，增值税，营业税，所得税前两年全免，后三年减半。（增值税浦东新区部分为16.25%，合17%增值税，总计税收降低2.76%，营业性增值税部分为65%，合6%（服务业）/11%（物流业），税收降低3.9%/7.15%，所得税部分为20%，合25%所得税，税收降低5%）整个政策带来的税收成本大大降低约20%，以上税收一年返还一次，来年返还。

②仓储、物流、装卸、搬运等物流相关业务享受增值税全额即征即退。

③起运港退税政策（仅洋山保税港区）、洋山港是国内唯一适用起运港退税政策区域，无论起运港在哪里，只要航线经过洋山港，即可在货物离港后立即申请退税。

④企业在自贸区注册满一年，职员入职满一年，并符合条件（大专学历以上，上海市户口或人才引进许可证），可申请特价商品房。

在上海自贸区内开展跨境电子商务，同时有以下政策优势：

①公司流程简化，仅需4天便可成立公司，取消“外商投资企业批准证书”及企业工商年检制度。

②取消企业最低资本金比例（20%）及时限要求（两年内缴足）。

③允许境外货物凭进口舱单直接入区，后申报。

④空运海运打通，企业只需要在洋山海关一次性办理所有出境报关续即可，无须在浦东机场再次办理报关手续；在单证齐全的情况下，可

以实现当日报关、当日送货（监管货车）、当日离境，充分满足快速分拨、配送的时效需求。

⑤先送后报，分送集报。海关确认送货单后即可发货，并在30天内将多份送货单集成一张报关单正式申报。

5-3 郑州口岸及中大门

1. 郑州口岸概述

图5-22 河南郑州保税物流中心大门

作为全国首批“国家电子商务示范城市”和“跨境电子商务试点城市”，郑州发展电子商务经济具备多重优势，有着巨大的成长空间。自2013年7月开始实货测试至2014年6月8日，共验放跨境贸易电子商务进出境物品总值1607万元，其中进口申报32592票，价值1179万元；出口申报3050票，价值428万元。备案企业140余家，备案进出口商品2.6万种，商品涉及打印机、奶粉、化妆品、纸尿裤、食品、保健品及服装等。自试点以来郑州已缴纳进口行邮税位居全国各个试点城市首位，占全国93%的份额。

河南保税物流中心成立于2010年1月7日，是河南省重要的外向型经济服务平台。中心占地55万平方米，总投资20亿元，分为封关运行区、特色物流交易区、口岸作业区、综合服务区四个功能分区。中心位于全国铁路公路网最大交汇处、全国重要物流节点的郑州经济技术开发区内，是中原经济区重要国际采购、分拨和配送中心。

发展历程：

2010 年 1 月 7 日，由海关总署、财政部、国家税务总局、国家外汇管理局联合批准〔署加函（2010）18 号文〕设立河南保税物流中心。

2010 年 12 月 8 日，河南保税物流中心正式获得海关总署、财政部、国家税务总局、国家外汇管理局联合验收。

2011 年 5 月 11 日，河南保税物流中心正式开关运营，半年创全国保税物流中心运营初期最高纪录。

2012 年 8 月 11 日，郑州市跨境贸易电子商务服务试点（E 贸易）项目通过国家发改委审批。

2012 年 9 月 12 日，郑州市跨境贸易电子商务服务试点（E 贸易）项目启动。

2012 年 12 月 19 日，国家跨境贸易电子商务服务试点工作启动部署会在郑州召开。

2013 年 5 月 31 日，郑州市跨境贸易电子商务服务试点实施方案第一家获批。

2013 年 7 月 15 日，E 贸易业务流程测试工作启动。

2013 年 12 月 9 日，信息化平台上线，E 贸易运作进入一个新的阶段。

2014 年 5 月 10 日，习近平视察郑州市跨境贸易电子商务服务试点（E 贸易）项目（图 5－23）。

“E 贸易”是以河南保税物流中心的特殊功能为前提条件，结合河南中部内陆区域的物流特性，参考国家的相关政策，研究利用保税中心

图 5-23

的平台功能，搭建的一个跨境贸易电子商务综合服务平台。目前在郑州开展跨境电子商务则可借由 E 贸易与海关系统对接，达到监管条件。

河南保税物流中心对于进口业务，有两种选择模式：进口集货模式及进口备货模式。

（1）进口集货

进口集货是指产品在发往大陆境内时，产品已经有订单，仅在郑州保税仓进行流转，并采用行邮方式的物流模式。流程如下：

- 电子订单生成
- 订单、运单审核、上传

- 境外发货
- 机场接货、转关
- 货物入区与申报资料比对
- 行邮税缴纳
- 出区，国内派送

优点：灵活，不需要提前备货，相对邮快件清关而言，物流通关效率较高，整体物流成本有所降低，并且无须商检。

缺点：需在海外完成打包操作，海外操作成本高，且从海外发货，物流时间稍长。

（2）进口备货

进口备货是指在产品发往大陆境内时，产品尚未有订单，在郑州保税仓内存贮，产生订单后直接由保税仓内发货。流程图如下：

- 运单审核、上传
- 境外发货
- 机场接货、转关
- 货物入区与申报资料比对
- 电子订单生成
- 行邮税缴纳
- 出区，国内派送

优点：提前批量备货至保税仓库，国际物流成本最低，有订单后，可立即从保税仓库发货，通关效率最高，可及时响应售后服务要求，用户体验最佳。

缺点：使用保税仓库有仓储成本，备货会占用资金。

以上两种模式在郑州都以完成落地，并运营了近一年时间，成为目前较为稳定的跨境物流方式。

其中，郑州目前享有的独一无二的政策是，在进口集货模式中，郑州是目前所有试点口岸中，唯一经海关批准，允许企业在大陆境内完成产品的二次包装、贴单等操作，可进一步降低企业的海外操作成本。

经过郑州实际测算，通过进口集货模式相较于以往的物流方式，成本降低30%，究其原因是打破了原先部分国际物流公司固有模式的垄断，产品的物理位置状态没有发生转变。

2. E贸易企业入驻流程

备案工作（一次性备案）：备案工作分为企业备案、商品备案和个人身份认证。

企业备案所需资料为：

- 网站首页截图1份（黑白即可，盖正本公章）
- 营业执照副本（收复印件盖公章）
- 电商企业承诺书1份（签字盖公章）
- 电商备案申请表/网商备案申请表
- 海关进出口货物收发货人报关注册登记证书1份（收复印件盖公章）

商品及个人备案在完成企业备案的前提下填写相关数据即可，流程相对简单，不做说明。

企业设立：

- 企业名称预先核准

请到经开区工商局办理《企业名称预先核准通知书》

- 工商注册

请到经开区工商局办理《企业法人营业执照》

- 组织机构代码证

请到经开区质监局办理《组织机构代码证》

• 税务登记证

请到国（地）税局办理《税务登记证》

• 银行开户

请到银行办理《开户许可证》

• 对外贸易经营者备案登记

请到郑州市商务局办理《对外贸易经营者备案登记表》

• 海关进出口货物收发货人报关注册登记

请到保税中心现场海关办理《海关进出口货物收发货人报关注册登记证书》

入驻保税物流中心：

请到保税中心现场海关办理《海关保税物流中心（B 型）企业注册登记证书》所需数据如下：

• 申请书原件

• 企业内部管理制度复印件

• 企业法人营业执照复印件

• 法定代表人的身份证明、复印件

• 税务登记证副本复印件

• 股权结构证明书（合资、合作企业）和投资主体各方的注册登记档副本复印件

• 开户银行证明复印件

• 验资报告复印件

• 物流中心内所承租仓库位置图、仓库布局及承租协议复印件

• 《报关单位报关注册登记证书》复印件

开展业务所需手续：

• 电子口岸

请办理电子口岸 IC 卡、读卡器、系统光盘

- **出口退税资格认定**

请到国（地）税局办理《出口退税认定通知书》

- **自理报检单位备案登记**

请到河南省出入境检验检疫局办理《自理报检单位备案登记证明书》

3. **中大门简介**

图 5－24　中大门首页

中大门网站目前尚处于内测阶段，是一个专业从事展示销售原装进口商品，由河南省中大门网络科技有限公司投资创建运营。河南省中大门网络科技有限公司是河南保税物流中心的全资子公司，其定位是基于 E 贸易的 O2O 式跨境电子商务平台。中大门以“买全球，卖全球”为企业宗旨，为消费者提供原装进口海外商品，为供货商提供线下进口商

品体验馆、在线电商平台等销售管道。规范的 E 贸易运作模式和监管流程建立起一个为网商、用户、监管部门提供高效、便捷、安全、严密的服务平台，充分发挥电子商务在拓展国内外市场中的作用。中大门项目将配套建立中大门跨境电子商务产业园区，预计将引进来自全球 60 多个国家的上万种商品，涵盖奢侈品、母婴用品、食品保健、美妆护肤、服饰箱包、珠宝艺术等品类，包括古驰、普拉达、LV 等国际一线品牌；投入运营之后，预计年销售额过百亿；将引进高端零售业人才，提供国际采购、进口报关、物流、零售等相关岗位，新的物流、通关、外汇结算及退税模式，将在郑州完成跨境零售的全过程。

（1）在线购买流程

①注册账号。消费者在中大门首页注册账号（图 5－25）。

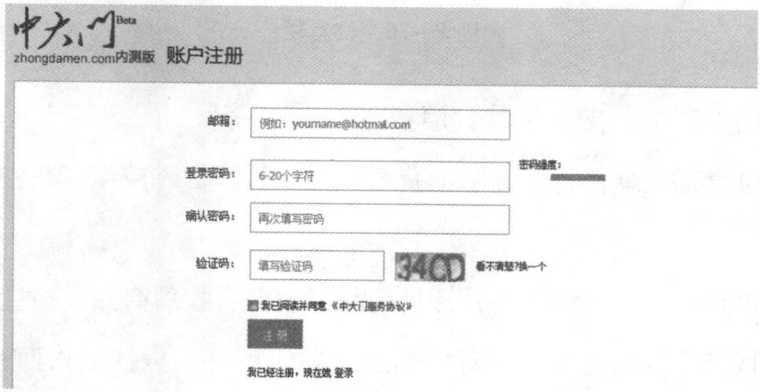

图 5－25 注册

②提供个人身份证件信息。消费者提供个人身份证件，可以享受个人行邮税免税额度，并且中大门凭借身份证信息，便于为消费者订单提供单独报关单据。

③选购商品。中大门所有店铺、商品都是经过严格审核确认，拥有合法正品保障，消费者可以根据商品信息放心选购。

④选择配送、支付方式。消费者根据自己的需求和信息栏信息，选取配送、支付的方式（图5－26）。

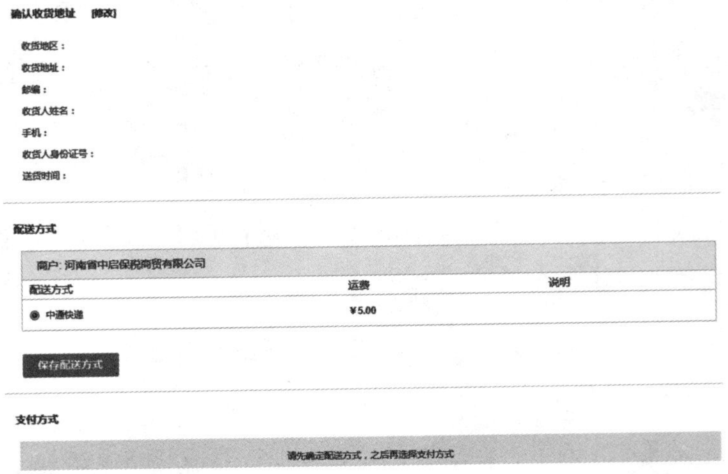

图5－26　信息栏

⑤确认订单，支付货款。消费者对选购商品、配送等进行最后确认，支付全部货款。为了保障消费者权益，货款暂时被冻结在中大门账户中。

⑥收到商品，确认收货及评价商品。消费者收到商品，检查商品质量，确认满意签收商品，并对商品进行如实评价，货款汇入商家账号。若收到商品与商家描述不符等问题，拒绝签收并及时联系商家客服。

（2）O2O购买流程

中大门进口商品体验馆（一期），占地面积3600平方米，总投资2000余万元，引进来自全球60多个国家的上万种商品，涵盖奢侈品、母婴用品、食品保健、美妆护肤、服饰箱包、珠宝艺术等品类，包括古驰、普拉达、LV等国际一线品牌。投入运营后，预计年销售额5.6亿元，形成包裹约150万个，在郑州完成跨境零售的全过程。

图 5-27　河南郑州进口商品体验馆

体验馆名为 E 博馆，于 2014 年 8 月 26 日开放试运营，营业时间为上午 10 点至晚上 8 点，凡是在体验店购买的货物，都可以通过物流配送的形式配送到家。

E 博馆坐落于河南省郑州市经开区航海东路 1508 号河南保税物流中心内，消费者购物必须携带有效身份证，并且每人每天消费限额为 1000 元人民币，每年消费限额为 20000 元人民币，但单件不可分割的商品超过限额不在限制范围内。

该模式是以线下展厅为流量入口，通过中大门平台完成交易并缴纳行邮税，并现场配送至消费者手中的新型跨境电商前店后仓的模式。

购物流程示意图（图 5-28）：

与传统线下商场不同的是，中大门 O2O 模式，消费者在购买商品的时候，需在产品展示点旁领取条形码，并前往“在线下单处”（收银

图 5 – 28

台）进行结算。结算完后系统将立即申报海关，并直接送往 E 博馆自提点供消费者提货，整个流程仅需 15 ~ 20 分钟。消费者也可以选择物流配送至指定地点。

4. 中大门入驻流程

（1）商家资质要求

- 拥有中国内地公司实体
- 拥有海外零售/贸易资质
- 是品牌方/有品牌授权/有进货凭证

（2）商品及服务要求

商品：原产于或销售于海外的产品，通过国际物流经中国海关正规入关。

商品页面：商品信息采用中文描述，配备中文客服。

物流服务：可以个人包裹直接递送，也可从保税区到消费者手中，物流信息可跟踪。

售后服务：必须在中国内地设置退货点。

相对于上海自贸区跨境通，郑州中大门的门槛更低，配套设施也更为完善。

5－4　深圳前海

2014年7月，深圳获批进口电商试点资质，成为继广州之后的第七个国家跨境电商进口试点城市。国内进口试点格局变成“5＋2”；8月份，深圳海关完成进口试点系统开发和调试；9月9日启动首票进口试点。虽然前海开展跨境电商进口试点只有短短一个月时间，但得益于其原先累积的大量外贸企业及充分的准备，发展迅速。

1. 深圳前海背景

深圳前海湾保税港区位于深圳西部港区，大、小南山西侧，珠江入海口东侧，是前海深港现代服务业合作区的重要组成部分。前海湾保税港区于2008年10月18日经国务院批准设立，2009年7月10日通过验收，2009年年底正式封关运作。

保税港区规划面积3.71平方千米。根据国务院的批复要求，保税港区实行封闭管理，一期围网封关面积1.176平方千米，包括港口作业区（妈湾港区集装箱码头5、6、7号泊位）0.456平方千米和物流园区0.72平方千米两部分。由招商局集团下属企业具体运营。截至2011年9月，已经建成投入使用的仓库有6栋，建筑面积约26万平方米，其

图 5－29　深圳前海湾保税港区大门

中保税冷库约 1.2 万平方米。

前海湾保税港区享有国家有关保税港区的一系列特殊优惠政策，同时享受前海现代服务业示范区的相关优惠政策。

深圳外贸出口连续 22 年全国第一。深圳跨境电商发展迅速，拥有独立 B2C 企业和大卖家超过 5000 家，占据了全国跨境电商的半壁江山。

前海 30 公里半径内分布着深港两大世界级港口群和机场群，规模和网络超过全球任何一个港口群。前海依托这一区位优势，充分利用深圳机场、邮政等优质资源，打造沿珠江口湾区布局、以前海为物流和商务核心枢纽的“深港国际物流走廊”，全面规划和发展跨境电商进出口业务，吸引境内外大型电商企业将其供应链上的重要节点及亚洲区供应链转运配送中心设立在前海，打造世界级的跨境电子商务展示中心、交易中心、信息中心、结算中心。

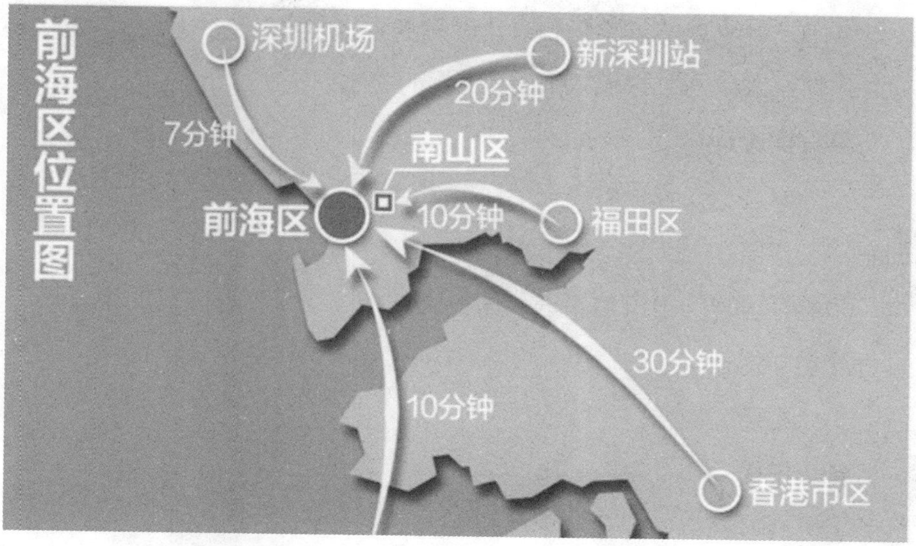

图 5－30　前海区位置图

2. **前海跨境 e 项目（出口）**

前海跨境 e 项目是在深圳海关、前海管理局、国税局及相关的监管部门的大力指导和支持下，在前海的“先行先试”，进行业务创新，为进出口电商提供高效的、低成本的通关服务，从而实现合法经营，阳光化结汇；同时实现电商企业“小包、快递也可以退税”的目标。

①全国唯一兼容 B2B &B2C 出口、保税区库存管理及海外仓补货的服务平台。

②全国第一家实现 9610 项下退税的服务平台。

③全国首创保税区内设暂存区，使得未实现销售的库存可方便快捷地进出保税港区。

④所有货物可以自由穿梭于深圳西部港区、香港机场、深圳机场及深圳邮政快件中心。

⑤为出口电商从金融机构直接融资提供支持。

操作模式分为集货模式与备货模式两种：

集货模式：

①电商客户接订单后，在自己的货仓内完成挑拣，打包，粘贴快递面单等操作。

②所有客户的出口包裹进入保税区后，按物流管道或目的地，集中进行分类和托运。

③完成通关操作。

备货模式：

①电商客户将库存存放于保税区内。

②电商客户在接到订单后，将出货指令发送给保宏公司，由保宏公司进行挑拣，打包，粘贴快递面单等操作。

③按物流管道或目的地，集中进行分类和托运并完成通关操作。

④暂存区：电商客户的货物，可以方便快捷地由保税区转回国内。

电商客户凭集中报关单进行外汇结算及申请退税。

3. 深圳保宏电子商务综合服务有限公司

保宏电子商务综合服务有限公司由香港嘉宏航运有限公司和招商局保税物流有限公司合资创立，该公司主要为跨境贸易电子商务提供专业化的进出口通关解决方案，为电商发展跨境贸易电子商务提供保税区及海外仓储、集运、配送等物流服务。该公司是目前前海主要负责与海关对接的企业，商户可较为快捷地在其平台上完成深圳前海的跨境电子商务进出口业务。

（1）进口操作流程

①企业备案：

线下备案：客户需提交如下数据，完成企业备案。

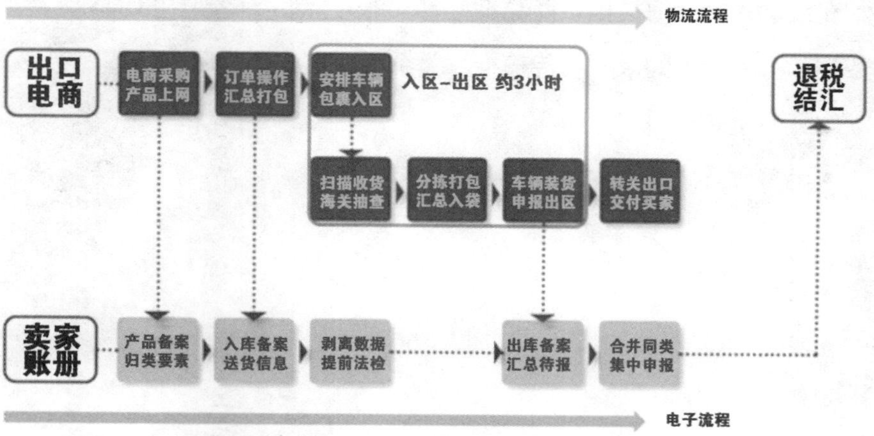

图 5－31　跨境 e 项目出口流程

- 公司的企业法人营业执照副本扫描件
- 中华人民共和国海关进出口货物收发货人报关注册登记证正本扫描件
- 中华人民共和国组织机构代码证副本扫描件

在线注册：客户需提交注册邮箱、登录密码、公司名称、公司地址、网上销售平台及链接、联系人、电话和传真，完成在保宏 OMS 客户端操作系统的注册，OMS 登录网址为：http：//oms. ex－go. com/login，客户直接点击注册，输入邮箱密码提交，并登录邮箱启动账号，填写完善数据，账号注册成功。

②产品备案：

线下备案：按照如下流程，客户提供相关数据，完成产品备案。

- 需要进行产品备案的产品名称，如手机、平板，保宏据此提供对应产品的备案表格
- 填写产品备案表格内所需的数据，保宏初步审核后提交给海关确认商品编码和申报要素

在线录入：待海关确认商品编码和申报要素后，客户在OMS进行产品数据和海关要素的录入，传输给海关系统，审核通过后产品备案完成。

③订单上传（集货）：

- 填写订单表格：订单产生后，客户按照“订单批量上传”模板内的格式填写和收集订单数据
- 登录系统上传
- 提交订单确认

④新建入库单：

- 登录系统：订单录入完毕后，进行入库单的录入。
- 提交入库单待审核：入库单录入后，将入库单提交为“待审核”状态，等待海关审核通过。

⑤送货入区：

产品送至前海保税区仓库。

⑥订单上传（备货）：

- 填写订单表格：订单产生后，客户按照“订单批量上传”模板内的格式填写和收集订单数据
- 登录系统上传
- 提交订单确认

⑦出区交货：由保税区仓库根据订单发货。

⑧集报资料。

- 不跨月21天后进行集中报关之前，客户确认电子版报关单数据、合同、发票、装箱单和报关委托书无误后，打印出来签字并盖公章，寄出正本
- 收到客户正本数据后，进行正式报关，大约一个星期左右出报关单和退税联

⑨出报关单：当集报完成后，大约一个星期出报关单和退税联，客户凭此单据进行退税结汇。

（2）出口操作流程

①库存进包裹出：电商企业将批量采购的货物，以临时入库单的形式报入电商保税账册，暂存前海保税仓。电商在得到消费者订单后，将订单发运指令发送给区内仓库，区内仓库根据订单打包，通过电商保税系统向电子底账申报入库及出库，将包裹通过跨境通道运至香港交至国际快递公司，然后由其投递至订单消费者。即，实际产生订单的货物才会实际报入保税仓库，未产生订单的货物仍然处于暂存状态，可以随时办理出库。这种模式适合于批量向供货商提前拿货的电商企业。流程如下（图 5－32）：

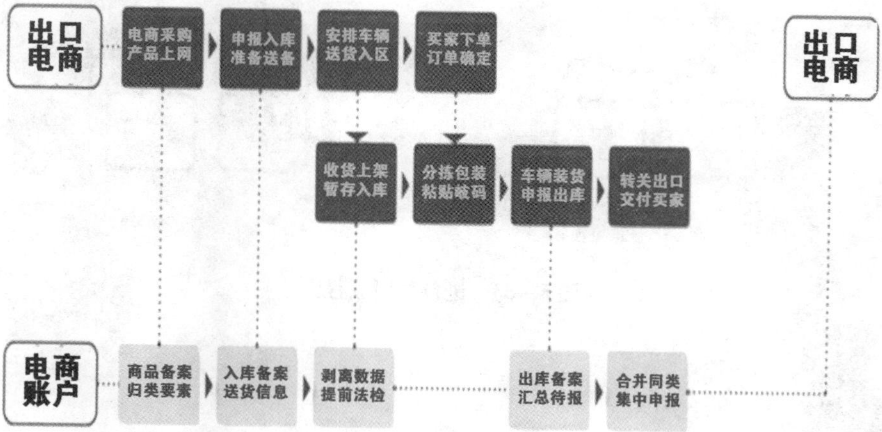

图 5－32　流程图

②包裹进包裹出：电商企业将已成交的订单货物形成包裹，按照不同物流管道（如香港邮政、中国邮政、DHL 等）分别打包，在保宏订单系统发布入库预报，然后交到保宏前海保税仓，或者通知保宏上门提货。保宏每天将电商企业的货物在保税仓完成集货后，统一报关出区，

通过中港运输送到香港，然后派送到不同物流管道承运商或货运代理处，由承运商进行转运，派送到消费者手中。这种模式下，电商企业的货物在保税仓库属于快进快出，在仓库中无须提前备货，也适用于清单过境，集中申报的形式，适合于见单采购的电商企业。流程图如下（图5－33）：

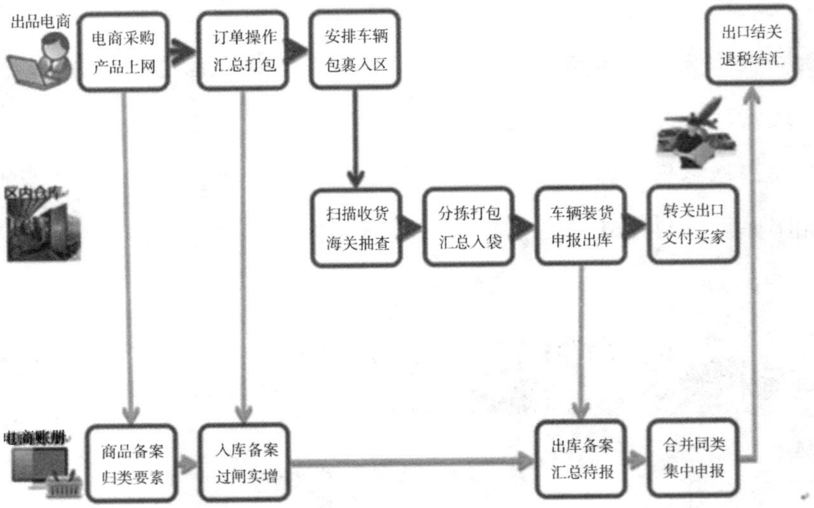

图5－33　进包裹出流程图